Résilience

OPHÉLIE WINTER

Avec la collaboration de Pauline Bonnefoi

Résilience

Harper
Collins

HARPERCOLLINS FRANCE
83-85, boulevard Vincent-Auriol, 75646 PARIS CEDEX 13
Tél. : 01 42 16 63 63

www.harpercollins.fr

ISBN 979-1-0339-0938-5

À Chris

Quand j'étais plus jeune, j'avais un rêve. Oui, ça commence comme Martin Luther King, mais vous verrez que la comparaison s'arrête là. Ce rêve, ce n'était pas de devenir une star de la musique soul. Ni de jouer aux côtés de pointures du cinéma, tout en animant plusieurs émissions télévisées. Encore moins de voir ma photo s'étaler jour après jour en une des magazines. Ce que je souhaitais par-dessus tout, c'était vivre sur une île. Tranquille. Arrêter de travailler dès que j'aurais suffisamment d'économies et mettre un océan entre le monde et moi. Je voyais déjà le programme : me prélasser sur la plage, la peau dorée par le soleil, les orteils chatouillés par les vagues, sans autre ambition que de savourer la vie. La base.

Après une carrière en montagnes russes, comme le destin les aime, c'est aujourd'hui, à quarante-six ans, que je réalise ce fantasme. Corona oblige, je me retrouve confinée du jour au lendemain sur une île hospitalière où je suis partie en vacances, loin du tumulte des métropoles. Il aura suffi qu'un virus mette la civilisation en pause pour que je découvre enfin cette douceur de vivre que j'appelais alors de mes vœux. Au beau milieu de l'océan Indien, ce rêve enfoui depuis longtemps s'est épanoui de lui-même à l'issue d'une année pourtant cataclysmique. Mon karma a toujours été du genre *drama queen* : il n'a aucune demi-mesure.

Durant ce séjour insulaire, je me lève chaque jour à 5 heures, fais du sport entre 6 heures et 8 heures, puis je vais directement sur la plage marcher une heure, les pieds dans l'eau, en faisant mes prières et mes doléances matinales. Je me délecte du spectacle de cette mer transparente, à température parfaite, où tout un monde aquatique, mystérieux et magnifique, s'agite sous mes yeux émerveillés. Je contemple le jour qui se lève sur un horizon sublime, mêlant ciel et mer. Je commence ma journée les yeux dans le *prana*, cette énergie vitale que les hindouistes identifient comme l'origine de toute forme de vie. Je me sens vivante. Ici, je vis à mon rythme dans un havre de paix et de chaleur humaine, sans rien demander à personne. Je n'ai jamais été aussi sereine.

Il m'aura simplement fallu traverser l'équivalent émotionnel de cinq vies, gagner et perdre des millions, tutoyer les stars, m'écorcher la santé, couper les branches pourries de mon arbre généalogique, survivre à des trahisons shakespeariennes et remettre en cause toutes mes croyances pour connaître cette expérience. Couler des jours tranquilles. Sur une île.

Pour rendre possible cet avenir idyllique, je dressai à dix-huit ans un plan quinquennal. Telle une élue à la plus haute fonction de l'État, je m'imaginais investie des pleins pouvoirs sur ma destinée et listai dans un programme mes objectifs les plus fous. Ne nous mentons pas : j'étais plutôt du bord des idéalistes, pas de ces rêve-petit qui font des compromis avec la réalité. Mon plan était aussi simple qu'ambitieux : j'avais cinq ans pour percer dans le mannequinat, la musique, la télévision et le cinéma. Une sorte de tétrathlon artistique. La démesure de ce plan ne m'échappait pas mais, à ma grande surprise, tout s'est réalisé comme prévu. Ce qu'on ne nous dit pas, quand on est jeune, c'est que, pour peu qu'on ait de l'ambition et qu'on s'en donne les moyens, on peut tout accomplir. Réellement. Seules les barrières psychologiques, coincées comme des arêtes dans les tuyaux de notre cerveau, nous empêchent d'oser. Ce que, pour ma part, j'ignorais. J'étais débrouillarde, je savais que je gagnerais ma vie d'une façon ou d'une autre, mais je manquais de confiance en moi, sous mes airs de *badass*. Je faisais partie de cette variété de timides méconnus qu'on prend pour des grandes gueules sous prétexte qu'ils sont fêtards et aiment s'amuser. En réalité, j'ai toujours dû me faire violence pour monter sur scène et m'exposer devant un public, surtout quand on m'attendait au tournant. Heureusement, j'étais à mille lieues d'anticiper le succès démesuré qui serait le mien, et j'ai pu l'aborder au jour le jour, sans trop décoller du sol.

Le plan quinquennal, c'était une idée de Prince. L'un des hommes qui a le plus compté dans ma vie, celui qui a modelé la femme que je suis, façon Frankenstein des années funk. C'est lui qui, le premier, a recentré mon ambition en m'incitant à suivre mes propres aspirations et non les rêves délavés que ma mère transposait sur moi depuis mon plus jeune âge. Cette ancienne mannequin aux jambes longues et à la carrière courte m'a traînée de casting en casting dès mes six ans. À son initiative, j'ai enregistré et chanté des tubes régressifs pour les programmes jeunesse de l'époque et posé pour diverses marques de vêtements pour enfants. En croyant me préparer à un avenir de lumière, ma mère saisissait la moindre occasion d'exhiber mes couettes et ma frimousse juvénile à l'écran. Franchement, j'appelle ça du tapinage artistique.

Très jeune, j'ai appris à encaisser les déconvenues du show-biz. Alors que je n'avais ni vocation ni même de goût pour ce genre de carrière, ma vie d'alors ressemblait à celle d'une comédienne qui débute dans le milieu et frappe à toutes les portes. Je devais accomplir le destin de ma mère, incarner celle qu'elle n'avait pas réussi à être, justifier les espoirs qu'elle avait placés en moi. Grave erreur de casting. J'étais un garçon manqué, Bensimon aux pieds et bleus aux genoux, qui se serait contenté de faire les quatre cents coups avec son frère et de provoquer des bagarres à la récré. Pas vraiment le profil d'une lolita des studios.

En revanche, j'avais la niaque. Je ne me sentais pas à ma place au sein de ma famille, où ma spontanéité était réprimée, mes besoins d'enfant ignorés, si bien que je bouillonnais intérieurement, n'attendant que le jour où je volerais de mes propres ailes et me bâtirais une vie sur mesure. J'étais portée par la fierté des gens modestes qui vivent au milieu des nantis et veulent réussir par eux-mêmes. À Neuilly-sur-Seine, nous étions pauvres parmi les riches. Ma mère travaillait dur, cumulait les emplois, les amants, les sorties, et n'avait que peu de temps à nous consacrer. Réussir, être indépendante, partir de chez moi pour être aux commandes de ma vie, j'en crevais d'envie. J'avais en moi la force et l'impulsion, mais je manquais de direction. C'est pourquoi le rôle de Prince a été capital lorsque ma carrière a commencé à décoller. C'est lui qui me répétait que je pouvais conquérir le monde, si je le voulais : « *You're young, smart, rich and beautiful. You can get anything you want.* » Il avait raison.

Aujourd'hui, je ne réponds plus à tous ces critères, mais j'ai acquis un trésor. L'expérience. Rassurez-vous, je ne vais pas la jouer maître Yoda ni vous bombarder d'aphorismes bouddhiques, mais les années m'ont tout de même appris deux ou trois choses. Entre autres que ces atouts que tout le monde recherche sont à double tranchant, et ne doivent pas être des fins en soi, juste des outils pour atteindre un but. Le mien était simple : je voulais tout. Tout vivre, tout découvrir, suivre ma curiosité sans limites pour expérimenter chaque milieu artistique, et circuler de l'un à l'autre avant de me lasser ou de lasser le public. Outre mes aspirations personnelles, j'espérais aussi apporter une touche soul à la musique française et importer un peu de cette culture américaine à laquelle je m'identifiais, au point de considérer les États-Unis comme mon pays d'adoption. À Los Angeles, les artistes ne sont pas cantonnés à une seule sphère d'expression, comme en France : les chanteurs peuvent se lancer dans la danse ou dans l'*acting* sans provoquer de ricanements sceptiques. Pourquoi ne pas s'inspirer de ce modèle souple et ouvert, adapté aux couteaux suisses comme moi, qui fuient les étiquettes ?

Pari gagné. Tout au long de mon parcours, j'ai ondulé d'un milieu à l'autre au gré des rencontres, des projets et des opportunités. Je ne visais pas une carrière monomaniaque, les pieds coulés dans le béton d'une maison de disques et les yeux braqués sur l'Olympia. À la place, j'ai tenté de développer un style et de mettre en valeur des gens en qui je croyais en multipliant les collaborations. Ma seule règle était de suivre mon instinct ; il m'a parfois conduite à commettre des erreurs, mais je les ai toujours assumées lorsqu'elles venaient de moi.

J'ai expérimenté beaucoup de milieux, mais je n'ai jamais eu le sentiment d'avoir trouvé ma place. J'avais une voix et des références musicales noires-américaines, mais j'étais trop blanche pour être acceptée par le milieu du R'n'B. Ni noire ni blanche, ni française ni américaine, ni juive ni goy. Cent pour cent bâtarde. Mais chacun sait que les bâtards sont les plus débrouillards, les plus combatifs, et ces qualités m'ont portée.

Ma rage de réussir, je l'ai puisée dans toute la colère emmagasinée pendant l'enfance. Par chance, c'était un réservoir intarissable. Au lieu de me laisser entraver par mes névroses, j'en ai fait du carburant et ça m'a permis de vivre à trois cents à l'heure. J'ai nourri mes chansons de cette fureur combustible, en n'oubliant jamais de rire de moi, pour désamorcer le pathos. Grâce à un mélange d'audace, de chance, de jugeote et de persévérance, j'ai pu faire mes armes sur la scène musicale, à la télévision et au cinéma, au prix d'une somme de travail colossale, souvent ignorée par les médias, qui ne voient que la partie émergée du succès.

Mais le côté paillettes, vous connaissez déjà. C'est du reste dont j'aimerais vous parler. Le versant caché, les coups qu'on encaisse, tout ce qu'on s'efforce de taire en public sous peine de passer pour la star ingrate qui trie ses diamants dans l'assiette. Or, ce sont aussi les épreuves qui nous construisent et nous rappellent à l'essentiel. Pas besoin d'être Sitting Bull pour le savoir.

Pour ma part, je n'ai pas attendu longtemps avant de rencontrer le Mister Hyde de la réussite : la célébrité, mère de Jalousie et Soupçon. La célébrité, c'est un poison qui s'immisce dans chacune de vos relations, dénature les bonnes intentions, pousse les personnes les plus irréprochables à la trahison. Les hommes, les membres de ma famille, les amis, tout mon entourage a fini par me voir à travers ce prisme trompeur. Sous l'effet grossissant des médias, qui ne me lâchaient pas d'une semelle, on m'a crue tour à tour riche, heureuse, superficielle, droguée, enceinte, mourante, cupide, folle à lier. Ma parole et mes actes n'avaient plus aucun poids face à ce phénomène médiatique qu'était devenu le nom « Ophélie Winter », ce nom qui fleurait bon le strass et les dollars, et créait des barrières infranchissables entre les autres et moi. La richesse donne pendant un temps un sentiment d'immunité, de puissance, d'ultime liberté, mais de façon insidieuse elle finit par vous gâcher la vie. À cause d'elle, j'ai perdu la confiance naturelle que je plaçais en mes proches, mis fin à des amitiés, développé un instinct de suspicion qui m'était jusque-là étranger, et je me suis isolée au point que je peine désormais à m'attacher à ceux que je rencontre. J'ai payé au centuple cette notoriété qui me colle à la peau depuis mes vingt ans, et dont l'effet s'est amplifié avec la généralisation d'Internet dans les années 2000.

Mais je ne regrette rien. J'ai vécu jusque-là une existence faite d'extrêmes, des hauts vertigineux et des bas abyssaux, de moments d'allégresse et de coups du destin que j'ai acceptés en m'efforçant de leur donner un sens. Je sais désormais qu'il fallait en passer par là pour aboutir à celle que je suis devenue.

Paradoxalement, c'est aujourd'hui, lors de ces vacances insulaires prolongées par la pandémie, que je me sens le plus épanouie, alors que mon mode de vie y est très simple. Sur cette île, j'ai le nécessaire pour vivre, à l'écart de la ville que je ne supporte plus, de quoi nourrir mon corps, stimuler mon esprit, du soleil sur ma peau, quelques amis de confiance, et il semblerait que je n'aie besoin de rien d'autre. Si j'avais su ça plus tôt…

Lorsque j'ai pris conscience que le succès pouvait m'empoisonner l'existence, que ma vie était soumise à des aléas incontrôlables et, surtout, que ma santé n'était pas une source de jouvence éternelle, j'ai entamé un long travail sur moi-même. Quand on se cogne sans cesse à la même vitre, il faut pouvoir prendre de la hauteur pour comprendre ce que l'on fait de travers, ce que le destin essaie de nous dire à grand renfort d'accidents et de coups bas. Écrire ce livre, c'est déjà une tentative pour prendre ce recul, tâcher d'y voir plus clair dans le fourmillement de mes souvenirs, de les fixer les uns après les autres, pour ne rien oublier.

Cette démarche couronne un long parcours introspectif. Plus jeune, j'ai exploré les thérapies *new age* en vogue avec Prince, avant de découvrir la psychanalyse, le développement personnel et la médecine orientale (lorsqu'il est devenu évident pour moi que la médecine occidentale empirait les maux qu'elle ne savait pas soigner). Ce furent autant de freins dans la course frénétique qu'était devenue ma carrière. Je m'y connais assez en voitures pour savoir une chose : pour ne pas se crasher au premier virage, il faut savoir réguler sa vitesse et ménager sa carrosserie et son moteur – les voitures sont une source de sagesse inépuisable, pour qui sait les écouter. La thérapie n'est pas qu'une affaire de soins. Elle engage aussi notre mode de vie, notre hygiène, notre entourage, et même notre équilibre énergétique. C'est cette prise de conscience qui m'a mise sur le chemin de la résilience, que je m'efforce désormais de suivre.

Malheureusement, à mesure que je gagnais en sagesse, l'écart entre ma personne et l'image relayée par la presse people n'a cessé de se creuser. Pour les médias, je reste l'icône populaire qu'ils ont contribué à créer dans les années 1990, cette poupée de la jet-set dont la moindre sortie, tenue ou relation est abondamment commentée. Quand il m'arrive de lire des articles me concernant – une corvée que je ne m'inflige qu'en cas de nécessité et qui me tord toujours le ventre –, j'ai l'impression de lire la vie d'une autre, qu'on me dépossède de mon histoire. Cela ne m'empêche pas d'être profondément blessée et choquée par les procédés de ces journalistes sans états d'âme, qui doivent probablement dormir dans des grottes et se nourrir de ténèbres et de sang frais. Le harcèlement médiatique pousserait n'importe qui à la folie, et il faut une sacrée force de caractère pour y faire face, en combattre les abus, ou seulement y survivre. Pour ma part, je me félicite d'y avoir résisté depuis tant d'années, et c'est une épreuve que je ne souhaite à personne. Aujourd'hui, c'est à moi de restituer ma propre histoire, telle que je l'ai vécue, de faire taire les fantasmes et les médisances afin de ne plus me laisser raconter par les autres.

J'ai toujours refusé d'écrire un livre. En vingt ans de carrière, on me l'a proposé des dizaines de fois, mais l'idée me paraissait absurde. À quoi bon publier *Ma vie, mon œuvre et ma légende* du haut de mes vingt-cinq ans ? Pourquoi ne pas passer directement à la statue en bronze sur une place publique ? La démarche me semblait tellement prétentieuse que je n'y ai jamais réfléchi sérieusement. J'ai beaucoup de respect pour la langue française et, à mon sens, écrire un livre n'est pas une chose à prendre à la légère.

Si je saute le pas aujourd'hui, c'est parce que j'ai compris que tout ce que j'ai vécu, le pire comme le meilleur, a forgé la battante que je suis devenue. À quarante-six ans, j'ai déjà survécu à la perte de beaucoup d'amis proches. Celle que je considérais comme ma sœur, Anne-Valérie Achintre, ma meilleure amie d'enfance, est tombée dans la drogue très jeune et a mis fin à ses jours à seulement trente et un ans. Ce fut pour moi le premier d'une longue série de deuils, qui m'a fait entrevoir très tôt la fragilité de l'existence, et la solitude qu'on éprouve lorsque ceux qui ont constitué nos repères nous quittent.

Aujourd'hui, je suis prête à faire le bilan. Pour moi, mais aussi pour tous ceux qui ont vécu les *nineties* et assisté à l'avènement d'une nouvelle époque. Ce livre n'est pas un règlement de comptes. Ne vous attendez pas à des doigts pointés avec animosité, car il n'a pas été écrit dans un esprit revanchard. Il s'agit d'une mise au point qui me permettra de rétablir ma vérité, sans le miroir déformant de la presse.

Des anecdotes folles, exubérantes, tristes ou émouvantes, à l'image de ma vie si riche d'expériences, j'en ai des milliers en stock ; je pourrais en tirer des mémoires en dix-huit volumes. Mais comme il faut bien commencer quelque part, je vous livre ici le récit qui constitue le nerf de cette existence particulière : celui de ma résilience, cette force qui m'a tenue debout à travers les tempêtes du destin. Si cette histoire vous touche, libre à vous d'en demander plus.

1

J'avais treize ans. Un brushing à la *Dynastie,* un T-shirt trop grand et le soleil dans les yeux. Je me tenais sur une scène en plein air au port des Mouettes d'Évian, qui accueillait en ce mois de juillet 1987 l'émission *Super Schmilblic,* retransmise sur FR3. Un public familial massé autour de l'estrade, cornets de glace à la main et gamins sur les épaules, attendait que je le divertisse. Jean-Pierre Descombes me présenta à la foule, puis commenta malicieusement la couleur de mon T-shirt pour me mettre à l'aise. Malgré sa gentillesse, j'étais morte de trouille.

Dès que la musique d'intro démarra, mon corps enclencha le déhanchement automatique. J'avais chanté des centaines de fois, je savais exactement quand il fallait ouvrir la bouche. Le play-back était de rigueur dans ces années 1980 : pas de place pour l'imprévu, le show devait rouler. Ça m'allait très bien, je n'avais pas à m'encombrer d'un micro, c'était un souci en moins. Les spectateurs applaudissaient en rythme, et je savais que ma mère était parmi eux, à surveiller ma performance. Après tout, *Poil de carotte,* c'était son projet. C'est elle qui avait insisté pour que je fasse ce single, puis que j'aille le chanter dans des émissions télévisées. Moi, je faisais ce que ma mère me demandait. Mais je m'en serais bien passée.

Malgré mon jeune âge, je n'en étais pas à ma première expérience de la scène. Trois ans plus tôt, j'avais sorti mon premier 45-tours,

La Chanson des klaxons, en duo avec un petit garçon nommé Bob. Je n'avais pas encore terminé l'école primaire que, déjà, j'étais invitée dans tous les programmes jeunesse du moment, dont *Croque Vacances* et le *Club Dorothée*. Ma mère s'occupait de mes tenues, mais elle avait beau travailler dans la haute couture, je me retrouvais toujours déguisée comme un personnage de cartoon. Allez comprendre. Au fil des mois, l'écart de croissance entre mon partenaire et moi compliquait nos prestations télévisées : Bob grandissait moins vite, ce qui l'obligeait à porter des chaussures compensées, chaque fois un peu plus hautes. À partir du moment où j'ai pu passer pour sa baby-sitter, nous avons dû arrêter.

À l'école, cette performance musicale me valait d'être la risée de ma classe. Les gamins de Neuilly-sur-Seine parodiaient sans scrupule la chorégraphie que Bob et moi devions répéter à chaque passage TV (quand je revois les images aujourd'hui, je comprends pourquoi). Dans mon for intérieur, je mourais de honte, mais je n'étais pas du genre à me laisser faire. J'excellais dans la bagarre, et les moqueurs récidivistes finissaient immanquablement par faire connaissance avec mes poings ou avec mes griffes. La terreur de la récré, cachée sous une bouille d'ange.

Si je chantais en public depuis mon plus jeune âge, ce n'était ni par vocation ni par besoin de briller. Aucun gosse ne veut être une star du show-biz à six ans. Je voulais devenir avocate ou vétérinaire, mettre à contribution ces neurones qui me valaient d'excellentes notes. J'étais une gamine mature, débrouillarde, avide d'apprendre et qui aimait déjà les défis.

À l'âge où l'on se contente en général d'être un enfant, j'avais déjà goûté au monde du travail, aux briefings de plateau, aux shootings interminables, menée par une mère qui me traînait de casting en casting. Moi, le garçon manqué adepte de la castagne, je me retrouvais à jouer les mannequins pour Petit Bateau ou

Finger, pouponnée comme une princesse Disney. Je posais dans des vêtements que j'aurais détesté porter et, comme j'étais plutôt sans filtre, je le faisais fréquemment savoir aux recruteurs, au grand agacement de ma mère.

Elle aussi avait été mannequin, dans les années 1970. Depuis qu'elle était mère célibataire de deux enfants, elle travaillait avec acharnement pour nous faire grandir à Neuilly, la ville qui concentre richesse et pouvoir, afin que nous puissions mêler nos vies à celle des gens qui comptent. Elle cumulait plusieurs boulots dans le domaine de l'événementiel ou de la haute couture, s'intégrant elle aussi au milieu du luxe, fréquentant des clients fortunés sans avoir les moyens de suivre leur train de vie.

En femme libérée et séduisante, elle cumulait aussi les hommes et, lorsqu'on venait la chercher à la porte de notre petit appartement, mon frère et moi pouvions apercevoir l'Anglais, l'Italien, l'Allemand, et d'autres vite oubliés. L'Eurovision en plein Neuilly. Malgré son succès, elle ne s'est jamais mariée. Jugeant les hommes peu fiables, elle préférait renoncer d'elle-même à la sécurité financière et affective que représente le mariage pour conserver son indépendance. Surtout, ne pas prendre le risque d'être à nouveau déçue et abandonnée.

Au travail comme en amour, elle avait donc dû faire le deuil de ses rêves. Son seul accomplissement était d'être devenue mère. Grâce à la maternité, elle obtenait une seconde chance par procuration, en transférant ses espoirs de réussite sur moi. Le poids de sa carrière contrariée pesait uniquement sur mes épaules de gamine, et j'ai vite intégré que l'échec ne serait pas une option.

Pour que vous compreniez à quel point nous partions de loin sur l'échelle du bonheur, je dois vous dresser la genèse de notre famille Addams.

À une époque où les accouchements étaient très peu médicalisés, donc beaucoup plus risqués qu'aujourd'hui, ma grand-mère maternelle a mis au monde deux enfants, après un premier bébé mort-né. Ma mère, puis mon oncle Stéphane, handicapé mental et moteur, dont elle s'occupera toute sa vie et qui aura un impact tragique sur la mienne. À en croire ma mère, ma grand-mère était une femme tyrannique, avare d'argent comme de sentiments, qui les a élevés seule, elle et son frère, en leur réservant un traitement très différent. Dévouée et protectrice envers mon oncle, qui ne pouvait littéralement pas vivre sans elle, elle a au contraire élevé ma mère à la dure, sans toutefois la préparer à devenir une adulte accomplie et indépendante.

Mal aimée, grandissant au côté d'un enfant roi qui canalisait toute l'attention, bridée par une éducation à l'ancienne, ma mère a mis les voiles dès qu'elle a pu. Grande, blonde, des yeux verts, des jambes interminables : elle avait les atouts physiques pour briller en arrivant dans la capitale. Avec sa plastique de rêve, elle attirait tous les regards et devenait l'objet de tous les égards masculins. Mais personne ne l'avait préparée au succès qu'elle rencontrait désormais avec les hommes, et elle paya sans doute sa naïveté au prix fort. Séduite, adorée, abandonnée. L'histoire de sa vie.

Elle faisait ses débuts dans le mannequinat quand, en 1968, elle rencontra par l'intermédiaire d'une amie mon père, David Alexandre Winter, un chanteur hollandais issu d'une famille juive d'Amsterdam, qui parlait alors tout juste français. Ce fut le coup de foudre, et cinq semaines plus tard ils emménageaient ensemble. Mon père préparait à ce moment-là son tube, *Oh Lady Mary*, qui allait bientôt connaître un retentissement phénoménal en France et dans le monde, à tel point qu'il enregistra des versions dans plusieurs langues. Dès leur première année de relation, il atteignit le sommet de sa popularité, enchaînant plus de 92 concerts rien que pendant l'année 1969. En l'espace de quelques années, son disque s'écoula à plus de six millions d'exemplaires et lui ouvrit la cour des grands. Ma mère et lui côtoyèrent alors quelques-unes des plus grandes stars françaises de l'époque. Mais le conte de fées n'a pas duré.

Emporté par sa réussite, mon père était sollicité par des milliers d'admiratrices et n'avait pas le cœur de toutes les repousser. Dans un livre autobiographique qu'il a publié il y a quelques années, il raconte que son manager avait mis en scène une relation médiatisée dans la presse avec une jolie journaliste, ce qui avait mis ma mère en rage. Il explique : « Avoir une relation amoureuse sérieuse est virtuellement impossible quand on est une superstar.[1] » Un constat que j'ai pu faire moi-même par la suite.

Ses chansons suivantes, *Vole s'envole* et *Amsterdam*, connurent aussi un certain succès, quoique en rien comparable avec son grand tube, et, de son propre aveu, il prit la grosse tête et devint imbuvable. Il représenta le Luxembourg à l'Eurovision de 1970 en chantant *Je suis tombé du ciel*, mais il arriva dernier du classement sans avoir récolté la moindre voix, ce qu'il prit comme une grande injustice. Un an plus tard, ma mère lui annonçait qu'elle était enceinte.

Mon père se trouva presque soulagé lorsque ma mère refusa sa demande en mariage, qui visait surtout à régulariser sa grossesse. À ce stade, leur relation était devenue houleuse. Il profitait pleinement de ses tournées, faisait la fête avec Johnny – leurs frasques étaient évidemment couvertes par la presse –, tandis que ma mère travaillait à Paris dans une boutique de mode, pestant contre l'immaturité de son compagnon.

En novembre 1972, mon frère, Mickaël, naquit à Boulogne-Billancourt. L'heureuse nouvelle s'accompagnait d'une mauvaise : sa main droite n'avait aucun doigt. Le cordon ombilical s'était

1. David Alexandre Winter, *L'Étoile du berger*, Éditions La Draiglaán, 2017.

enroulé autour d'eux dans l'utérus, bloquant leur développement. Jusqu'à mes quinze ans, ma mère m'a fait croire qu'il s'était coincé les doigts dans un ascenseur, ce qui m'a longtemps terrifiée – et incitée à prendre les escaliers. À la naissance de Mickaël, mes parents étaient dévastés. Cette infortune venait porter un coup supplémentaire à leur couple déjà discordant.

Malgré la présence de mon frère, leur relation ne cessait de se distendre. Mon père décrit la façon presque indépendante dont ils vivaient chacun au sein de la même maison, ne partageant du temps qu'à l'occasion de rares vacances. À cette époque, la carrière de mon père déclinait : décrocher des concerts devenait difficile et, pour quelqu'un qui avait connu une renommée comme la sienne, c'était une épreuve douloureuse. Je n'ai aucun mal à imaginer sa frustration. Ce fut ma mère qui, pour le retenir et ressouder leur couple, insista pour faire un autre enfant. Il « céda », et je naquis neuf mois plus tard, le 20 février 1974. Dernier rejeton de cette lignée gangrenée qui, selon toute probabilité, s'arrêterait là.

Lorsque j'arrivai sur terre, c'était déjà la fin pour mes parents. C'est quelque chose qu'on ne m'a jamais caché, et qui ne m'émeut plus aujourd'hui. Ma naissance les avait brièvement rapprochés, mais leur couple était voué à l'échec. Mon père ne connut jamais plus le succès de *Oh Lady Mary* et vécut très mal ses revers successifs. Alors que j'avais deux ans, il nous quitta pour tenter de relancer sa carrière aux États-Unis.

Dans son livre, il justifie notre abandon par le fait que ma mère avait alors rencontré un autre homme, Siebo – celui qui nous élèvera, mon frère et moi –, et qu'elle « se débrouillait très bien sans lui ». En lisant ces mots, je ne peux que comprendre le désarroi de ma mère, même si j'ai depuis longtemps pardonné à mon père.

Du jour au lendemain, ma mère s'est retrouvée avec deux enfants à charge et les ressources limitées de son travail dans un magasin de mode. Sa carrière de mannequin n'avait pas décollé à la hauteur de ses espérances, son couple s'était brisé : bref, rien ne s'était déroulé comme prévu. Sur le conseil de mon père, elle avait elle aussi fait un 45-tours, que mon frère et moi passions sans arrêt dans le mange-disque quand nous étions petits, en parodiant ses « Je t'aimeuuuuuh » emphatiques. Elle n'avait pourtant pas percé en tant que chanteuse. Au final, ma mère avait tenté sa chance dans les milieux où son physique pouvait faire d'elle une star, mais n'avait pas su rester sur le devant de la scène.

Ces frustrations répétées l'ont endurcie. À ses yeux, mon père était un salaud incapable de s'engager, qui nous avait abandonnés. Longtemps, je n'ai pas mis en doute cette version, car j'ignorais que la rancune pouvait biaiser les souvenirs. Tout ce que je savais de lui, je l'avais appris de sa bouche. Elle est celle qui est restée, celle à qui revenait le privilège de raconter l'histoire.

C'est sur les cendres encore brûlantes de cette gloire fugace et de cet échec amoureux que mon frère et moi avons grandi. Séparés de moins de deux ans, nous étions aussi fusionnels que des jumeaux. J'avais beau être la cadette, c'était moi qui protégeais Mickaël des autres enfants qui se moquaient de lui. Dans la cour de récréation, si quelqu'un l'appelait « Moignon ! », il était aussitôt gratifié d'un poing en pleine figure. Plus dissuasif qu'un mot sur le cahier de correspondance. Cette attitude me valait de passer pour la grande sœur. J'étais débrouillarde, maligne et vive, quand lui était plus doux, bourré de talent mais moins pugnace. Comme ma mère, je me faisais un devoir de le défendre, sans être pour autant jalouse de la sollicitude dont il était l'objet au sein de la famille. Grâce à lui, j'ai appris très tôt l'empathie, une qualité qui m'a ensuite joué de mauvais tours. Le protéger me semblait normal car, pour ma part, je savais que je m'en sortirais quoi qu'il arrive.

Entre son travail dans la mode et ses jobs estivaux d'hôtesse, ma mère avait peu de temps à nous consacrer et préférait nous responsabiliser, nous donner les moyens de notre autonomie. Quand nous étions petits, nous étions laissés aux bons soins de jeunes filles au pair ; je me souviens d'une Suédoise à la poitrine généreuse, dont la présence enchantait mon frère. Par la suite, nous fûmes encouragés à nous occuper de nous-mêmes, et la liberté dont nous jouissions nous ravissait. À l'époque, il y avait peu de chaînes télévisées, c'était le début des jeux vidéo comme *Space Invaders*, et les rollers avaient encore quatre roues bien stables et un frein apparent. Lorsque nous manquions d'argent, ma mère partait vivre chez son compagnon et louait notre appartement pendant plusieurs mois – ou une année entière. Elle nous plaçait alors chez Cornélia, une de ses amies allemandes, qui habitait aussi Neuilly. Ça ne choquait personne. Les principes éducatifs étaient différents de ceux d'aujourd'hui, on ne craignait pas de traumatiser les enfants par manque d'attention. Dès que nous nous pensions à l'abri de toute surveillance adulte, Mickaël et moi faisions les quatre cents coups.

Dans notre quartier, en embuscade derrière une voiture, nous nous lancions des défis ambitieux, comme voler tous les bouchons de pneus de la rue. Au signal, je m'élançais côté pair, Mickaël côté impair, stimulés par le frisson de l'interdit et les regards scandalisés des passants. Ma mère a eu une ou deux fois la mauvaise surprise de nous récupérer au poste de police après nos frasques. De retour à l'appartement, exaspérée, elle nous gratifiait chacun d'un coup de pied au cul. Solidaires jusque dans le châtiment, nous subissions tous les deux sans nous accuser l'un l'autre. À mes yeux, nous étions deux frères.

Je ne me suis jamais sentie féminine. Ma mère insistait pour m'habiller en robe rose, mais je revenais systématiquement de l'école les genoux écorchés et les collants troués, grunge avant l'heure. Je détestais avoir l'air d'une fifille. Dans la cour de récré, j'étais un mercenaire en culottes courtes, capable d'asséner un coup à un gamin pour gagner dix francs. Une vraie terreur.

Ma combine préférée pour me procurer de l'argent de poche relevait d'un sens précoce du commerce : j'achetais au tabac du coin des cartes postales de singes costumés, que je revendais quatre fois plus cher aux passants dans la rue. Je me postais à une intersection, près d'un feu rouge, et, toute mignonne, la bouche en cœur, je proposais mes cartes. Une arnaque à couettes.

Mon business marchait bien, au point que j'ai déjà gagné cent francs en un après-midi. Je partais aussitôt dépenser mon butin en bonbons que je distribuais à la récré, ou bien j'offrais des glaces à mes camarades de classe les moins fortunés. Ça entretient l'amitié. J'ai toujours gagné de l'argent pour le partager et faire plaisir autour de moi.

Notre train de vie modeste nous classait en bas de l'échelle sociale dans cette ville en or massif, où se côtoient les grandes fortunes du pays. À l'école, je constatais chaque jour le gouffre qui me séparait des autres familles. Mes amis vivaient dans des hôtels particuliers ou des appartements luxueux, avaient quatre ou cinq frères et sœurs, une *nanny,* des chauffeurs, un téléphone-valise (« Radiocom 2000, ne quittez pas… »), des vêtements de marque et des résidences secondaires. Ils passaient les vacances d'hiver à Val-d'Isère, l'été à Saint-Raph, sans compter une multitude de voyages à travers la planète pour se familiariser avec leur futur terrain de jeu. Ils avaient des papas très occupés, des mamans douces et gentilles, des chiens dressés pour tousser dans leur patte, et rien d'autre à faire que de vivre leur vie d'enfant.

Chez nous, pas de place pour la sensiblerie. Ma mère n'avait aucune intention de nous bercer d'illusions sur la vie : aux contes de fées qui ramollissent le cerveau, elle préférait les mises en garde. Pour nous donner de l'ambition et des relations utiles, elle avait eu l'intelligence de nous faire grandir au milieu des gens influents, de nous mêler à leur progéniture, quitte à travailler d'arrache-pied. Sa combativité la distinguait des autres mères, qui vivaient un train de vie luxueux coupé des réalités. À sa manière, Siebo essayait lui aussi de nous inculquer les valeurs du travail. Pendant les repas, il m'interrogeait sur mes tables de multiplication : « Sept fois six ? Huit fois neuf ? Douze fois quatre ? » Si je répondais à côté, j'étais privée de dessert.

Lorsqu'elle sortait le soir, ma mère nous laissait parfois à la maison devant sa fameuse marmite de chorba. Il lui arrivait de préparer ce plat marocain dès le lundi, une sorte de soupe dans laquelle baignaient légumes, haricots et épices, en quantité suffisante pour qu'on ait de quoi dîner toute la semaine. La marmite trônait sans couvercle sur la gazinière de la cuisine pendant des nuits entières.

Un soir, alors qu'elle était pressée de sortir, ma mère nous avait installés devant la télévision avec un bol de chorba et commençait à perdre patience. Mon frère ne mangeait rien, ce qui avait le don de l'exaspérer. Je le regardais avec une connivence muette. Comme moi, il scannait chaque cuillerée de soupe pour être sûr de ne pas avoir de mauvaise surprise. Prenant notre réticence pour un caprice, ma mère finit par en prendre une cuiller pour nous donner l'exemple. À regret, je plongeai mon couvert dans mon assiette, et horreur ! je vis émerger de la soupe épaisse les deux antennes d'un cafard. Ma mère se tut un instant, interdite, puis reprit avec brusquerie : « Oh ! c'est bon ! Ça va pas vous boucher le trou de balle ! » Et elle dégagea le parasite d'un geste sûr.

Ce genre d'épisodes m'empêchait d'inviter spontanément des copines chez nous. Il fallait que je passe deux heures à préparer les lieux avant que mon invitée arrive. Nous avions pourtant un bel appartement, mais il était bien loin des standards d'opulence auxquels mes camarades étaient habituées. Je mettais alors de la belle vaisselle, tentais de donner une illusion de richesse, tant j'avais honte de notre manque de moyens. Aujourd'hui, je sais qu'il n'y a aucune honte à manquer d'argent, surtout pour un enfant. Ma mère faisait ce qu'elle pouvait, et sa sévérité était d'une certaine façon nécessaire. Comme nous n'avions pas de papa, elle était obligée de tenir les deux rôles.

Petite, je l'admirais énormément. Je voyais bien qu'elle se tuait la santé en travaillant comme deux pour nous offrir, à mon frère et à moi, les mêmes avantages et les mêmes vacances que nos camarades de classe pourris gâtés. Je la trouvais incroyablement belle, forte, fière de son indépendance. Comme elle, ses amies, un gang de jolies nanas composé d'anciens mannequins et de Claudette, se sont retrouvées pour la plupart à élever seules des enfants à une époque où, comme le chantait Cookie Dingler, « être une femme libérée, tu sais c'est pas si facile ». Rien que pour ça, elle méritait mon admiration.

Pendant longtemps, mon père est resté pour moi un mythe, une planète trop lointaine pour être observée, mais à laquelle on impute les tourments de notre destinée. Chatouilleuse sur le sujet, ma mère nous le décrivait comme une sorte de Barbe-Bleue, un être veule et sans cœur à l'appétit insatiable. Selon la légende, il aurait répandu sa semence à travers l'Europe, butinant de femme en femme sans jamais fonder de foyer avec aucune. À chaque fois qu'un schéma familial se profilait, l'irresponsable s'envolait pour une autre destination sans donner de nouvelles. Pour finir, sa phobie familiale était si forte qu'il avait mis un océan entre nous et refait sa vie dans le Nouveau Monde.

« Elle a la tronche de son père. Elle fait tout comme lui. » Ma mère répétait cette phrase à tout va et, bien entendu, c'était loin d'être un compliment. J'avais l'impression d'être victime d'un délit de faciès, assimilée au camp des félons, la représentante sur terre de celui qui avait trahi ma mère. Je n'étais pas responsable de sa conduite, mais je me sentais en devoir de la racheter, de combler le manque qu'il avait créé en partant. Le genre de boulet qu'on traîne pendant l'enfance et qui détermine une bonne partie de notre vie si on ne le démasque pas. De l'or pour mes futurs psys.

J'aggravais cette connivence père-fille en témoignant une curiosité coupable envers l'héritage familial. Les parents de mon père habitaient à Amsterdam et, bien que leur fils ait coupé les ponts avec nous, ils continuaient à nous accueillir avec chaleur à chaque fête familiale. Dans leur maison, je découvrais la culture juive et ses coutumes, les plats traditionnels, les bijoux à porter pour honorer Dieu, les mots aux sonorités mystiques. J'étais intriguée par les curieux tatouages au poignet que certains aînés portaient. Ça me faisait penser à ceux qu'on se dessinait au feutre, mes copines et moi, en faisant un vœu : lorsque le dessin disparaissait, le vœu devait se réaliser. Imaginant un jeu similaire, je demandais à chacun : « Mais c'est quoi, ce jeu ? » Jusqu'à ce qu'un jour ma grand-mère m'attrape : « Ça, c'est quand on a été pris par les méchants. Ils nous ont tatoués parce qu'ils ne voulaient pas qu'on se perde dans la campagne. » J'étais trop jeune pour me douter des épreuves terribles qu'avaient traversées ces rescapés de l'Histoire car, pour moi, la Seconde Guerre mondiale était encore un concept flou, un décor de film. En revanche, je comprenais que l'histoire de ces tatouages était trop pénible pour être abordée, qu'un secret terrible couvait sous cette joie de vivre collective que partageaient les survivants.

À Neuilly, la plupart de mes amis étaient juifs, et l'idée d'être moi aussi un rejeton de cette religion me plaisait. Je me sentais solidaire de mes grands-parents et, même si je n'avais pas été éduquée religieusement, je tenais à faire honneur à cet héritage. Au fond de moi, je me sentais juive. C'est un sentiment difficile à décrire, mais quelque chose dans la judéité faisait résonner une corde en moi ; peut-être cette sensation constante de n'être à ma place nulle part, pas même au sein de ma famille.

De mon propre chef, je me mis à fréquenter la synagogue qui se trouvait rue Jacques-Dulud, tout près de chez nous. Je portais la *magen* (l'étoile de David) et m'efforçais de respecter Yom Kippour face à un frère sceptique, qui mangeait un burger devant moi en disant : « C'est débile, t'y connais rien. » Il avait raison, j'agissais par mimétisme, en tâchant d'ignorer les sarcasmes. Je voulais me distinguer de mon frère et de ma mère, réinjecter de la sève dans mes racines et cultiver cette singularité qui me rattachait à d'autres branches de la famille.

De son côté, ma mère ne croyait en rien. Pas même en elle-même. Elle mettait la religion dans le même sac que l'amour, la confiance ou le tiercé d'Omar Sharif : des pièges à cons. Le monde qu'elle nous dépeignait se divisait en deux camps : les naïfs qui se faisaient plumer et les avertis qui tiraient avantage des premiers. Il valait mieux faire partie des seconds pour survivre. Cette dureté exprimait surtout sa crainte de nous voir malmenés par la vie, comme elle l'avait été.

La BO de mon enfance était donc une suite d'avertissements : « Les mecs, c'est tous des salauds ! Faut être libre ! Assurer ses arrières ! Pas le temps pour le blabla ! On se remue le cul ! » La nuance, le dialogue, et a fortiori l'écoute n'étaient pas au programme. Alors, je me taisais.

La vie était un combat. Le travail, une guerre. Et les relations amoureuses, un jeu de stratégie aux ressorts complexes, où il s'agissait d'attacher l'autre sans s'attacher soi-même. Ma mère avait trop souffert des espoirs brisés suscités par les hommes de sa vie. Désormais, elle était résolue à demeurer indépendante et à me donner, à sa façon, les armes pour le devenir.

Chez cette représentante des années 1970, la quête farouche de liberté ne cessait de s'entrechoquer avec l'espoir non assumé de sécurité domestique. Cette dynamique créait une instabilité chronique dans sa vie sentimentale, dont elle ne parvenait pas à nous préserver. C'est Siebo, l'homme qui m'a élevée, que je considère et respecte comme mon père. Mais les écarts de ma mère finirent par le détourner de nous. Mon frère et moi nous retrouvions impliqués sans le vouloir dans ses mensonges, garants de ses couvertures. J'aurais paraît-il vendu la mèche un jour, en lui demandant « Où est untel ? » devant l'officiel, ce qui aurait provoqué une dispute.

Comme une prophétie autoréalisatrice, toutes ses histoires finissaient par échouer. Ma mère voyait les hommes comme des êtres égoïstes et inconstants et, de fait, ses compagnons ne tardaient pas à le devenir. Était-ce parce qu'elle les choisissait mal, ou parce qu'elle les repoussait malgré elle par son indépendance bravache ? Ce qui est sûr, c'est qu'une souffrance profonde était à l'origine de cet autosabotage et la voir finir systématiquement seule me brisait le cœur.

Du fait de ses enseignements, j'étais remontée d'avance contre tous les hommes. Moi, sa relève, sa revanche, j'allais devoir assurer. Ne pas me montrer naïve, ne pas reproduire ses erreurs, la venger en réussissant tout, à tout prix. Ne pas atteindre les ambitions qu'elle avait placées en moi aurait signifié écoper d'une vie misérable et, pire, perdre son amour. Je craignais d'être reniée si je la décevais, de trahir à nouveau ses espoirs. Je n'imaginais pas encore qu'elle-même pouvait me décevoir, me trahir. Pourtant, la trahison se répétait chaque année, l'été venu.

Lorsque les beaux jours arrivaient, ma mère partait travailler à Monte-Carlo pour des événements estivaux. Elle nous déposait mon frère et moi dans la maison de Siebo, dans le sud de la France, où ma grand-mère et mon oncle nous gardaient tout l'été. Lorsqu'elle nous laissait, je tentais de la retenir avec mes pleurs, la poursuivais jusqu'au porche en la suppliant de ne pas partir. Bien sûr, beaucoup d'enfants agissent ainsi et passent néanmoins de très belles vacances. Mais moi, je savais ce qui m'attendait.

La maison de Siebo était un petit paradis provençal : un ancien fort vieux de plusieurs siècles, comptant de multiples appartements, où se réunissait toute une communauté d'amis. Chaque année, je retrouvais mes copains, des locaux du village. Nous participions à la récolte des asperges, des melons, et des raisins que nous écrasions dans une cuve avec nos pieds pour faire du vin.

Dans cette campagne bercée par le chant des cigales et le soleil cru du Midi, nos jeux de citadins ne connaissaient plus de limites. Notre petite bande, fusionnelle pour la durée des vacances, s'illustrait dans de hauts faits de pitrerie enfantine, comme des batailles dans la vase, avec jeté de boue sur l'adversaire. La nuit, mon frère glissait des crapauds dans mes chaussures, si bien qu'en les enfilant au matin je me retrouvais leurs yeux entre mes orteils. En dignes successeurs de *La Guerre des boutons,* nous avions à cœur d'expérimenter toutes les bêtises infaisables chez nous. À la pointe de l'aube, nous partions ramasser des escargots dans les ravines, équipés de lampes torches et de bottes en caoutchouc. Nous les entassions dans un grand sac-poubelle en les saupoudrant de mie de pain. Quelques semaines plus tard, quand ils avaient doublé de volume, nous allions les vendre au poids au marché local.

Loin de l'exigence de ma mère, la pression qui pesait ordinairement sur moi retombait et je me sentais libre d'être moi-même : une sale gosse.

Le tableau aurait pu être parfait. Ces vacances loin de l'école, des castings et des tensions domestiques, auraient dû me rendre à l'insouciance de mon âge. Au contraire, elles la brisèrent à jamais. Du fait de son handicap mental, mon oncle Stéphane n'avait pas conscience des limites sociales ou morales qui régissent la vie en communauté. Ma grand-mère consacrait son existence à s'occuper de lui et faisait ce qu'elle pouvait pour assurer ses besoins vitaux. Elle ne voyait pas que, à l'écart des autres, il franchissait une ligne inacceptable en se livrant à des attouchements sur moi. Sa voix, son odeur pestilentielle, toute sa personne me terrifiait, si bien que j'étais tétanisée et incapable de me défendre. Ces agressions se répétaient chaque année, souvent lorsque nous étions seuls dans la forêt qui avoisinait le fort.

Un jour, j'ai rassemblé tout mon courage pour en parler à ma mère, qui m'a giflée en me traitant de menteuse. Elle ne pouvait pas croire que son frère, qui incarnait l'innocence, était capable de tels actes. C'était plus commode de remettre en cause ma parole. Pourtant, un soir où nous dînions avec lui, elle l'a surpris en train de glisser la main dans ma culotte, comme il avait l'habitude de le faire. Elle lui a alors jeté la boîte de brandade de morue dessus pour l'arrêter. Sans prononcer un mot, sans le condamner, ni me consoler. Après ça, elle a tout de même continué à m'envoyer dans le Sud pendant les deux mois d'été. Peut-être a-t-elle alerté ma grand-mère, mais ça n'a pas suffi. Elle ne m'a pas protégée.

Enfant, je priais tous les soirs pour que mon oncle meure. Je répétais en boucle une prière en anglais – je serais bien en peine de dire où je l'avais apprise – et y joignais mes doléances du jour. Je n'ai compris que plus tard, à l'adolescence, qu'il n'était pas responsable de ses actes. Stéphane n'avait jamais appris à distinguer le bien du mal, le permis de l'interdit, et, dès lors que ces attouchements étaient niés par les adultes, personne n'a pris soin de lui dire qu'il agissait mal. À cette époque, le tabou des abus sexuels contre les enfants était encore plus fort qu'aujourd'hui, et il se peut que ma grand-mère n'ait sincèrement rien vu. En revanche, mon ressentiment à l'égard de ma mère s'est accumulé un peu plus chaque année à mesure que je grandissais.

Si je n'ai pas eu l'enfance insouciante que j'aurais voulue, j'ai au contraire bien réussi mon adolescence : les disputes avec ma mère, l'affirmation de ma personnalité, la quête des origines, les complexes, le premier copain, rien ne manquait à mes années boum.

Pourtant, ça partait plutôt mal. Les rentrées scolaires se succédaient et mon corps, comme figé dans le temps, restait celui d'une enfant. Autour de moi, les copines à *nanny* commençaient à montrer des formes féminines sous leurs habits de marque qui les mettaient en valeur. Moi, je restais un modèle réduit, taillée comme un cintre et parlant couramment le verlan. On m'appelait Skeletor. Autant dire que je n'étais pas le sex-symbol du collège, la *it girl* dont on suivait aveuglément les choix vestimentaires. Je ne cherchais d'ailleurs pas à l'être.

L'épisode *Poil de carotte* n'a rien arrangé à ma notoriété. Déjà, j'avais le ventre noué à l'idée d'aller chanter cette chanson devant des parterres d'inconnus. Ensuite, l'angoisse me reprenait quand il fallait affronter le regard impitoyable de mes camarades. Les ados n'ont pas besoin de grand-chose pour pointer du doigt ceux qui s'écartent de la norme et, avec cette chanson, c'était comme si je candidatais officiellement au poste de risée de la classe. Autant leur offrir des bombes à eau à me jeter dessus.

Bien entendu, ma mère ne tenait pas compte de ces considérations d'amour-propre, seul importait le CV qu'elle me constituait.

Toujours en quête de castings où m'emmener, elle portait une grande attention à mon physique, ce qui me mettait mal à l'aise. Je ne comprenais pas pourquoi elle tenait tant à me faire entrer dans le mannequinat. J'étais toujours aussi garçon manqué, et avec ma taille qui plafonnait à un mètre cinquante je m'imaginais hors jeu. Après cette nouvelle expérience musicale traumatique, j'en avais assez d'être l'enfant-marionnette à qui on faisait faire n'importe quoi. Je voulais suivre ma propre voie et, pour ça, je devais comprendre qui j'étais.

Lorsque j'eus quinze ans, ma mère décida qu'il était temps pour mon frère et moi de rencontrer notre père. Après des années d'échanges distants, nous nous envolâmes pour Boston, où il avait refait sa vie. Je n'avais aucun souvenir de lui, et il fallait que je remplisse cette page blanche. En débarquant de l'avion avec frère et bagages, je n'en menais pas large. J'étais à la fois impatiente et anxieuse de découvrir ce géniteur lointain, dont j'étais censée être le portrait craché.

Lorsque je le vis pour la première fois, ce fut un choc. Mon père n'avait rien d'un Casanova usé, aux traits marqués par des années de débauche et de gloriole. Ni d'un indifférent sans cœur, regard fuyant et montre sous le nez, prêt à nous réexpédier en France après avoir partagé un burger. La réalité était en quelque sorte plus choquante encore.

J'avais devant moi un père de famille. Un modèle unique, comprenant mes yeux, mon nez, mon large front et mes pommettes saillantes. Bref, mon visage greffé sur le corps d'un père de sitcom américaine. À ses côtés, nos deux demi-frères. Il nous les a présentés, le regard chargé de toute la fierté et la tendresse que j'aurais voulu moi aussi susciter.

Il s'était reconverti en concessionnaire automobile et menait une vie paisible avec sa nouvelle famille. Il prenait soin de son épouse, promenait son labrador, conduisait ses fils aux matchs de base-ball et leur payait des hot dogs. Un père modèle. Je n'en revenais pas. Que s'était-il passé dans son existence pour que la vie de famille devienne soudain possible ? Pourquoi n'avait-il pas joué au Charles Ingalls avec nous ? C'était incompréhensible – et blessant. Était-ce ma mère qui l'avait fait fuir ? Toute amertume mise à part, ce revirement avait de quoi surprendre, car nous n'étions pas la première famille qu'il avait laissée sur le bord de la route.

Une ébauche d'explication m'a été donnée neuf ans plus tard, alors que je travaillais comme animatrice. Au milieu d'un tournage laborieux, je partis voir mon grand-père, qui était très malade. Je quittai aussitôt le plateau du *Ophélie Winter Show* pour me rendre à Amsterdam afin de faire mes adieux à ce grand-père que j'estimais beaucoup. « N'en veux pas à ton père, me dit-il. Enfant, il a connu plusieurs familles. » Avec patience, il me raconta l'histoire tragique de ma famille juive hollandaise, que j'avais toujours suspectée sans oser poser de questions.

En 1943, mes grands-parents habitaient les Pays-Bas, alors envahis par les Allemands. Ils avaient jugé prudent de confier mon père, âgé de un mois, à un couple d'amis chrétiens, pour assurer sa sécurité. Une sage décision car, peu de temps après, ils ont tous deux été raflés et envoyés au camp de Sachsenhausen. Quelques mois plus tard, la famille d'accueil de mon père a été dénoncée par des voisins, et les Allemands leur ont retiré l'enfant. Par chance, un officier dissident a voulu sauver le bébé alors âgé de huit mois, et l'a caché chez lui, le laissant aux bons soins d'une infirmière polonaise. À la Libération, les soldats alliés ont renvoyé mon père à son oncle, qui s'est occupé de lui jusqu'au retour de ses parents ; ceux-ci s'étaient échappés des camps et réfugiés en Suède. Lorsqu'ils ont retrouvé leur fils, celui-ci avait déjà deux ans.

Devenu adulte, mon père n'a cessé de voyager au gré de sa carrière de chanteur. Il s'est marié très jeune, avant d'abandonner femme et enfant six mois plus tard ; en apprenant que le bébé n'était pas de lui, d'après son livre. Il était beau, amoureux de la vie, et ne manquait pas d'occasions de séduire, ce qui l'a amené à connaître de nombreuses femmes, sans jamais s'installer avec aucune. Selon mon grand-père, ces unions avortées coïncidaient avec le nombre de foyers provisoires qu'il avait connus pendant la guerre, avant de retrouver ses parents. Ma mère était sa dernière compagne provisoire. Après nous avoir quittés, ma mère, mon frère et moi, il a pu fonder un foyer durable aux États-Unis.

Ces révélations m'ont bouleversée. Je n'avais jusqu'ici aucune idée de ce qu'avait enduré mon père pendant les premières années de sa vie. Toute la rancune et la colère que j'avais accumulées, toute l'incompréhension qui me rongeait, attisée par les remarques venimeuses de ma mère, s'apaisèrent aussitôt. Mon grand-père a sauvé l'image que j'avais de mon père. Je me sens en paix avec lui, jusqu'à éprouver une certaine forme de respect. Avoir pris conscience des circonstances de l'histoire familiale m'a aidée à voir les choses avec hauteur et à ne plus me sentir personnellement visée par son abandon. En outre, je prenais pour la première fois la mesure du pouvoir terrifiant des traumatismes d'enfance, ce qui avait de quoi m'inquiéter.

Alors que j'entamais le lycée, je désespérais de grandir un jour. Ma croissance était visiblement sur pause, et je commençais à me résigner à passer ma vie à hauteur d'un mètre soixante. Les *fashion girls* de l'école exhibaient à chaque rentrée leur tour de poitrine exponentiel, alors que le mien restait invariablement au-dessous du niveau de la mer. Je les détestais.

Si jusque-là je n'avais jamais eu de problème avec mon physique, il devenait de plus en plus difficile de ne pas me comparer aux autres. D'une part parce que le lycée de Neuilly était un catalogue de m'as-tu-vu, dont la nouvelle édition paraissait à chaque année scolaire. D'autre part parce que ma mère ne cessait de me planter des complexes dans la tête. Si je voulais devenir mannequin, je devais être plus féminine, me mettre en valeur tout en gardant du mystère. Elle attirait mon attention sur mon nez (celui de mon père), pas assez photogénique à son goût. Ces remarques m'oppressaient, mais elles finissaient par faire leur chemin. J'étais impatiente de gagner ma vie et de suivre ma propre voie, loin de ce foyer dans lequel j'étouffais.

Pour m'éloigner de ma mère, avec qui les relations se tendaient, je multipliais les baby-sittings et les petits jobs. Tous les prétextes étaient bons pour fuir l'appartement. Quant aux cours, ils m'intéressaient de moins en moins. J'avais des facilités, surtout pour le français, qui était une de mes matières de prédilection, mais le cadre académique et le côté ruche du lycée me rebutaient. J'avais besoin d'action, de faire mes preuves, et je préférais multiplier les expériences de vie plutôt que d'étudier un savoir statique.

Les contrats de mannequinat m'attiraient davantage, car ils représentaient un travail concret, rémunéré et valorisant pour l'ado peu sûre d'elle que j'étais. Ils m'offraient ce que je cherchais depuis longtemps : l'indépendance financière.

Côté cœur, je prenais mon temps. J'ai toujours eu le contact facile avec les garçons. Leur style plus direct et cash me correspond mieux que les minauderies chichiteuses des copines. Même quand j'étais plus jeune, ils ne m'intimidaient pas. J'en comptais beaucoup parmi mes amis, à l'âge où les filles ont plutôt tendance à rester entre elles pour pouvoir commenter l'autre sexe.

Comme je conservais un physique enfantin et que les hormones semblaient décidées à me bouder, je ne me sentais pas « dans la course ». Je ne voyais pas ce qu'un mec aurait pu désirer chez moi, alors que les autres filles étaient plus opérationnelles.

À ma grande surprise, je m'aperçus que je plaisais à F. C'était un beau Black de mon âge qui habitait déjà en colocation, dans un petit appartement du 16e. Pour les ados que nous étions, ça représentait une liberté inouïe. Nous traînions souvent chez lui, en bande ou tous les deux, et je flirtouillais alors maladroitement. Je n'avais pas encore la confiance qui me permettrait plus tard d'aborder les hommes avec assurance, de leur signifier sans détour mon envie d'eux.

Mon désir de plaire naissait à peine. Mes tentatives de séduction étaient balbutiantes et prenaient souvent la forme de ce que je connaissais le mieux : une complicité amicale. Pour faire illusion devant F. et paraître plus mûre, je rembourrais mes soutiens-gorge avec la mousse du filtre de mon aquarium à tortues. Un simulacre plus créatif qu'efficace, car aucun artifice ne peut rivaliser avec un véritable arsenal ; il a fini par s'en rendre compte, même si nous sommes restés sages. Ma mère m'avait suffisamment rebattu les oreilles avec le danger que représentaient les hommes, leurs appétits diaboliques et leur égoïsme, pour que j'ose prendre le moindre risque.

F. a été mon seul copain à l'époque et, si notre flirt n'est jamais devenu sérieux, c'est resté un souvenir mignon auquel je pense avec plaisir. F. m'a montré que je pouvais plaire, indépendamment de mes atouts féminins. Je lui en sais gré car, à cet âge, je puisais où je pouvais la reconnaissance que je ne trouvais pas à la maison.

Pour mes *sweet sixteen*, ma mère me réservait une surprise pas très *sweet*. Comme elle travaillait beaucoup, elle n'avait pas le temps d'aller m'acheter des cadeaux et préférait m'offrir des « bons pour… », avec la somme d'argent correspondante. L'intention y était, et j'étais libre de choisir ce qui me plairait ; tout le monde y gagnait.

Cette année-là, dans la salle à manger de notre appartement, elle me tendit fièrement une carte comportant un collage de photos. Des dizaines de nez découpés dans des magazines et, au dos, un mot écrit à la main : « Mille francs pour refaire ton nez. Joyeux anniversaire ! »

Cette anecdote a choqué plus d'une personne et me choque moi-même aujourd'hui. Mais, à l'époque, je ne m'en suis pas offusquée. Je n'avais pas le recul nécessaire pour juger les choix de ma mère. J'étais plutôt touchée qu'elle m'offre une somme aussi importante, car elle ne roulait pas sur l'or et se démenait toujours au travail pour nous faire vivre tous les trois. Cet apport était un beau cadeau, venant de sa part, et je n'ai aucun doute sur le fait qu'elle était persuadée de me rendre service en favorisant ma carrière. Elle avait d'ailleurs agi de même avec mon père, qui avait un nez un peu plus prononcé : sur son conseil, il l'avait fait raboter.

Ce n'est que deux ans plus tard que j'ai pu faire cette rhinoplastie. Je sortais alors avec Prince et, lorsque je lui avais demandé son avis, il m'avait répondu : « Je ne trouve pas que tu en aies besoin mais, si c'est ce que tu veux, fonce. » J'ai pris sa réponse comme une validation et j'ai foncé. Lorsque je tombe aujourd'hui sur des photos précédant cette époque, je dois bien admettre que je n'avais aucun besoin de cette opération. Mais sur le moment je l'ai vue comme une opportunité à saisir : je n'avais pas à me limiter à mon héritage génétique, j'étais libre de dessiner mes propres traits, de devenir celle que je rêvais d'être. À partir de cette opération, mon visage n'a plus été celui de mon père. Il était unique, sur mesure. Rien qu'à moi.

Si cet anniversaire prouvait que, à notre manière, ma mère et moi cherchions à nous faire aimer l'une de l'autre, il n'a pas suffi à apaiser les tensions entre nous. Nous suivions toutes deux des voies inconciliables : ma mère poursuivait son marathon métro-boulot-vieux beau, moi mes revendications indépendantistes à travers mes virées adolescentes et mes petits jobs.

À la maison, nous ne faisions que nous heurter, nous envoyer des piques, nos existences s'entrechoquaient. La situation n'était plus tenable. Et elle n'a pas tardé à exploser.

2

À seize ans, je fus mise à la porte de chez moi.

En rentrant d'un week-end à la campagne, ma mère avait piqué une crise phénoménale. J'avais fait la fête en son absence, en prenant soin de tout bien remettre en place pour son retour. Je savais qu'elle ne supportait pas le moindre dérangement, alors je m'appliquais à ce qu'il n'y paraisse rien. Mais un détail l'avait mise hors d'elle : il n'y avait aucun trou dans le mur, ni rien de ce genre, non, mais il manquait une cuiller parmi les couverts. Et ça, ça a été mon erreur. Excédée, elle avait rassemblé mes affaires, les avait fourrées dans des sacs-poubelle qu'elle avait balancés sur le palier, avant de me claquer la porte au nez.

J'attendis alors patiemment qu'elle se calme. En général, elle me laissait mariner une heure ou deux sur le paillasson, le temps que je réfléchisse à ma faute : le lave-vaisselle que j'avais oublié de vider, ou les culottes que j'avais laissées traîner dans la salle de bains. Car c'était pour ce genre de raisons futiles qu'elle me fichait dehors.

Cette fois, pourtant, elle ne m'a pas ouvert. Deux heures ont passé, puis trois, puis quatre. La porte était toujours fermée. J'ai passé la nuit sur le palier, persuadée qu'elle me ferait ses excuses le lendemain, et que je pourrais rentrer me changer.

Au matin, il me fallut quelques secondes avant de réaliser où j'étais. J'avais à peine dormi, mon sommeil sans cesse interrompu par les bruits de l'immeuble, qui maintenaient mon esprit en alerte. J'avais hâte de me passer de l'eau sur le visage, de changer de vêtements, et je commençais à avoir faim. Derrière le battant, j'entendais les sons de la routine matinale de ma mère : les portes qui s'ouvraient, la vaisselle manipulée un peu brutalement, le bourdonnement de la télé. Peut-être qu'après une bonne nuit de sommeil, sa colère était retombée ? Elle ne pouvait tout de même pas me laisser dehors, à seize ans ! Quelle mère ferait ça ? Confiante, je pris mon mal en patience sur le paillasson en attendant qu'elle sorte.

À un moment, la porte s'ouvrit à la volée. Pendant une micro-seconde, les yeux de ma mère tombèrent sur moi. Puis, très vite, elle m'enjamba, verrouilla la porte et partit d'un pas pressé. Je restai interdite. Elle ne m'avait encore jamais bannie de l'appartement. Bien sûr, j'avais mes propres clés, mais le message était clair : je n'étais plus la bienvenue chez elle.

Je descendis les sacs-poubelle dans ma voiture, mis le contact et fis vrombir le moteur. Désormais, j'allais devoir me débrouiller seule. Sans filet de sécurité. Sans bons d'anniversaire. Sans génitrice toxique.

Grâce à l'argent de mes jobs de mannequin, j'avais pu acheter une petite Golf, que je conduisais alors sans permis, n'ayant pas l'âge légal. Cet arrangement temporaire dura jusqu'à ce que, deux ans plus tard, j'emboutisse la fourgonnette d'un vitrier : comme dans une scène de film, je me suis vue encastrer le véhicule d'où dépassait une grande plaque de verre, qui s'est écrasée sur le capot de ma Golf sous les yeux ébahis des passants. Ce gag digne des comédies italiennes des années 1960 m'a convaincue de passer mon permis – et de dédommager en cash la malheureuse victime.

Cette première voiture s'avéra une bénédiction. J'y entreposais mes affaires, et il m'est arrivé d'y dormir lorsque je n'avais nulle part où aller. Car pendant les semaines qui suivirent, je dus faire mon possible pour joindre les deux bouts. Je me préparais dans ma voiture et me lavais les dents dans les toilettes des McDo avant de filer à des castings pour des publicités, des marques de vêtements ou de produits de beauté. La nuit, je dormais le plus souvent chez des copines, ou chez Anna, la mère formidable de mon meilleur ami de l'époque. Je ne remis plus les pieds au lycée.

Par la force de ma volonté, je me suis débrouillée comme j'ai pu, et mes efforts ont fini par payer car j'ai bientôt été recrutée par l'une des plus grandes agences de mannequins, l'agence Absolu, dirigée par Paul Hagnauer. Je me suis fait beaucoup d'amis chez PH One, l'agence de la même structure, consacrée aux mannequins hommes – tandis qu'Absolu était réservée aux femmes. Paul est devenu un ami. C'est lui qui a décelé mon potentiel malgré ma taille et mes mensurations hors norme, et lancé ma carrière, d'abord discrète. Ce qui marquait les clients, c'était avant tout ma gouaille et mon culot. Ils étaient surpris par mon aplomb de géant dans un corps de souris, par mon gabarit décalé par rapport aux grands mannequins androgynes et squelettiques qui composaient l'agence. À côté d'elles, je ne partais a priori pas gagnante, mais comme je m'accrochais et ne me dégonflais jamais, je réussissais à obtenir des contrats.

Peu à peu, mon profil a séduit des clients à l'international, et j'ai eu la chance de voyager à travers l'Europe. On m'a d'abord proposé de partir plusieurs mois en Autriche pour travailler pour une marque de lingerie. On m'offrait un nouveau départ, et je sautai sur l'occasion. J'avais besoin de me réinventer, de fréquenter d'autres cercles, de couper le cordon avec Neuilly où j'étais identifiée comme la fille de ma mère, l'enfant sans père, la fugueuse du lycée, la fillette-star qui avait enregistré deux disques. Fini les gifles maternelles, les étés sordides, les fils à papa et copines à nibards. La vie me tendait les bras par-delà les frontières.

À Vienne, j'aspirais à découvrir une vie exaltante et indépendante. Celle des gens qui gagnent leur vie, ont leur propre appartement, voient des amis et sortent faire la fête sans s'excuser de prendre du bon temps. Ça peut sembler banal, mais ça faisait rêver la jeune fille de seize ans que j'étais. Je me débrouillai avec mon anglais approximatif pour trouver mon chemin à l'aéroport, dans le métro, et faire connaissance avec mes colocataires russe, turque, péruvienne et yougoslave. Très vite, j'ai compris que ma vie sur place ne serait pas à la hauteur de mes rêves d'indépendance. Je partageais avec quatre mannequins un appartement chez l'habitant : nous dormions dans une sorte de dortoir improvisé, sans cloison, qui ne nous laissait aucune intimité. Le frigo était divisé en compartiments distincts, étiquetés avec une rigueur territoriale pour prévenir les vols de nourriture, fréquents chez les mannequins en début de carrière. Nous disposions d'une unique salle de bains et nos tours de passage étaient organisés par notre booker (le manager qui nous accompagnait et gérait nos plannings), en fonction de nos rendez-vous, shootings et *go and see*, nos visites professionnelles. Nous n'avions pas de chauffage et de l'eau chaude en quantité limitée, ce qui impliquait toute une logistique dès que l'une de nous devait se laver les cheveux.

Tout en ayant conscience de notre chance, la plupart d'entre nous étions plutôt perdues, sans le sou, parachutées dans un vivarium de bombasses internationales. Communiquer avec nos rudiments d'anglais, en nous aidant de nos mains, grimaçant comme des mimes, s'avérait laborieux, d'autant plus qu'il n'y avait aucune solidarité entre mannequins, aucun esprit de camaraderie. Le quotidien était un métro-boulot-dodo sans fin, exécuté dans une ambiance robotique, sous-tendue de méfiance ; car la compétition régnait dans notre *open-space bedroom flat*. Je réalisai ce que je savais déjà au fond de moi : pour survivre, je n'avais besoin de personne, sauf de Dieu.

En quelques mois, mon corps s'était métamorphosé. Alors que je ne grandissais plus depuis deux ans, j'ai brusquement gagné dix centimètres, et ma poitrine s'est développée de façon spectaculaire, passant de presque rien à un 85 EE, 100 % naturel. Mon corps était devenu adulte en un rien de temps, comme s'il s'était retenu jusque-là de l'être. Quand, plus tard, j'ai parlé de cette période à une psychanalyste, elle m'a fait prendre conscience que cette transformation avait été rendue possible par mon départ du foyer familial. Une fois que Stéphane n'a plus représenté une menace, mon cerveau a autorisé mon corps à sortir l'artillerie lourde de la féminité. Mère Nature décida qu'il était temps de m'envoyer un shoot hormonal spectaculaire, qui a glamourisé ma silhouette de façon si soudaine que la plupart de mes amis ont cru que je m'étais fait refaire la poitrine. Non, mon corps était simplement passé aux choses sérieuses.

Pour autant, ces formes voluptueuses étaient loin des canons du mannequinat, qui favorisaient les silhouettes plus filiformes. Au milieu des autres mannequins, je me sentais toujours la moins jolie, la plus petite, la plus atypique. Ma poitrine devint à mes yeux un véritable complexe, au point que, plus tard, j'ai fini par faire une réduction mammaire pour cesser de me voir comme une paire de seins sur pattes. Mon apparence est devenue une arme fatale sans même que je m'en rende compte, car ma perception était bien différente : je me trouvais affreuse, voire anormale. Des années après, j'ai compris qu'il s'agissait d'une pathologie appelée dysmorphophobie. Un prisme qui déforme la vision que j'ai de mon corps et de mon visage. Nul doute que cette pathologie trouve sa source dans mon manque de confiance en moi et dans les critiques maternelles rabâchées pendant ma jeunesse, à tel point qu'elles se sont fossilisées dans mon cerveau.

Mais à cette époque, je ne percevais pas l'ampleur des dommages causés par cette éducation qui excluait toute tendresse. Pour son anniversaire, je voulus tendre le calumet de la paix à ma mère. Grâce à l'argent que j'avais gagné, je l'invitai à venir me rejoindre à Vienne et lui sortis le grand jeu : billets en business, resto, cadeaux, balade en calèche dans la ville de Sissi, sur fond de soleil couchant. Une vraie scène de *telenovela*. En me démenant pour lui faire plaisir, je voulais lui offrir tout ce que les hommes n'avaient pas su lui donner. Un anniversaire de princesse, toute une journée ponctuée de surprises et d'attentions, où je serais aux petits soins avec elle. Encore une fois, je cherchais à me substituer à l'homme idéal, à combler une place béante au sein de la famille. À sortir de mon rôle de fille, pour devenir l'adulte qui s'occuperait d'elle. Le contact entre nous était rétabli.

À force de travail, j'ai fini par construire une petite notoriété à Vienne. J'enchaînais booking sur booking, essentiellement pour de la lingerie, et faisais monter les tarifs. Je savais instinctivement comment me comporter pour décrocher des shootings, je savais quoi dire, comment accrocher l'intérêt des photographes, tout en restant professionnelle. Je respectais bien sûr la règle d'or : *No zob in job*. Les shootings avaient souvent lieu à l'extérieur de la ville, dans des châteaux glacials ou des forêts lugubres. Je me souviens m'être retrouvée assise en maillot de bain sur un canon de la Seconde Guerre mondiale, les fesses collées au métal par moins 10 °C ! Malgré ce genre de surprise, j'adorais mon métier et je commençais à avoir beaucoup de succès. À force de courir les castings, à force de rencontres, j'ai fini par très bien gagner ma vie.

Après l'Autriche, j'ai poursuivi mon année en Espagne, où d'autres contrats m'appelaient. À Madrid, je posai pour des catalogues de robes de mariée, avec meringue, cerceaux et longues traînes blanches. Un cauchemar. Après la fraîcheur de Vienne, la chaleur madrilène m'a paru insoutenable, d'autant que j'étais déguisée comme la Reine des Neiges. Heureusement, j'allai ensuite à Barcelone poser pour une marque de maillots de bain, plus raccord avec le climat. Les contrats affluaient, mais le succès ne me montait pas à la tête. J'encaissais mes paies comme un petit écureuil, sans rien dépenser d'autre que les frais nécessaires à mon travail. Le superflu n'existait pas encore pour moi, le luxe ne s'était pas logé dans mon cortex, seule l'ivresse du travail m'animait. Une ambition innocente, et l'envie de ne rien lâcher jusqu'au sommet.

De retour à Neuilly, j'étais devenue une femme active, autonome, disposant déjà d'un book bien rempli. En quelques mois, j'avais gagné en confiance, appris à me faire comprendre en anglais et en espagnol. Si ce démarrage dans la vie active avait été brutal, je devais bien convenir que partir de chez moi si jeune était la meilleure chose qui pouvait m'arriver. En me jetant dans le grand bain de la vie, sans corde ni bouée de secours, ma mère m'avait fait le plus précieux des cadeaux. Je me suis débrouillée, parce que je n'avais pas le choix.

Par la suite, je me suis aperçue que son éducation rude et sans complaisance m'avait aussi donné des clés pour l'avenir. Je savais m'occuper de moi, j'étais responsabilisée sur les questions d'argent et la valeur du travail, et j'avais l'auto-apitoiement en horreur. Le moins qu'on puisse dire, c'est que je n'étais pas tentée de revenir vivre dans l'appartement où j'avais grandi. Ma mère aurait pu écrire un guide de coaching parental intitulé *Comment éviter l'effet Tanguy.*

Par comparaison, mes copines d'école que j'avais si souvent enviées, celles qui étaient élevées dans le luxe et les privilèges, ont été préservées de tous les aspects rugueux de l'existence. Leur famille-édredon amortissait la moindre contrariété et leur promettait un avenir à l'avenant, un bonheur facile, livré à domicile par un mariage avantageux. Le résultat ? Après des études de façade, elles sont tombées amoureuses du prince charmant, leur *alter-*

magot, une fortune du même pedigree avec des faux airs de papa, qui les a épousées à grands frais. Mères à trente ans, dépressives à trente-cinq, alcooliques à quarante.

Je ne me réjouis pas de leur malheur, bien sûr, mais leur éducation m'a aidée à comprendre tout l'intérêt de la mienne. Ce qui importe, c'est moins la sécurité matérielle que la transmission de valeurs telles que le mérite, l'intégrité, l'honnêteté, les bonnes manières ou la droiture. Autant de vertèbres qui vous aideront à avancer dans la vie, à encaisser les coups et à garder la tête haute. L'argent n'est pas organique, ce n'est qu'un moyen pour accéder à un but, un gadget à manipuler avec précaution, au risque d'y laisser des plumes.

Grâce à mon amie Anna, j'ai pu dégoter un travail dès mon retour. Son frère, M., entrepreneur et styliste, avait lancé une marque de prêt-à-porter dont les ateliers étaient situés dans le Sentier. C'était un homme formidable, avec qui je me suis très bien entendue. Il me proposa de faire la campagne de sa ligne de vêtements et se porta garant pour la location de mon premier appartement. Grâce à lui, j'avais désormais un travail et un logement.

Pour fêter notre contrat, il m'offrit une montre Pasha, le modèle de Cartier que tout le monde portait à l'époque ; et pour la saison suivante, le bracelet en or, qui faisait ma fierté. Ces cadeaux constituaient pour moi un signe d'appartenance à l'univers de la mode parisienne.

Entre les shootings, il me permettait de dessiner dans son atelier. Ses confections me rappelaient les croquis de créateurs que me montrait ma mère, quand elle travaillait dans la haute couture ; des croquis que, petite, je décalquais et rhabillais selon mes goûts. Inspirée par tous les modèles que j'avais vus au cours des derniers mois, je concevais à présent des prototypes afin de tester mes talents de styliste, une voie que j'envisageais parmi tant d'autres.

Depuis quelques années, le garçon manqué que j'étais s'était ouvert à la mode. Être mannequin m'avait exposée à différents styles, et aidée à aiguiser mon propre goût. J'ai même commencé à suivre une formation ESMOD par correspondance mais, comme toujours, l'expérience de terrain s'est avérée plus porteuse pour moi qu'un contenu théorique. Avec ce premier travail, ma vie commençait à ressembler à quelque chose.

C'est à cette époque que je vécus ma première relation longue. Lorsque j'ai rencontré R., je n'avais pas encore d'expérience réelle avec les hommes, même si ma poussée de croissance me rendait désormais bien visible à leurs yeux. Je rentrais alors de Tunisie, où j'avais passé des vacances avec une amie. En sortant de l'avion, j'aperçois cet homme au regard bleu sublime. Un véritable fantasme sur pattes, impossible à quitter des yeux.

Je dis à ma copine : « Je ne pourrai jamais avoir un mec comme ça ! » – et je le pensais. Ce devait être le type pour qui l'expression *out of my league* avait été créée. Avec son air confiant et son doux sourire, il évoluait clairement dans une dimension esthétique supérieure à la nôtre.

À un moment, ses yeux irréels ont croisé les miens et ne les ont plus lâchés. Est-ce qu'il nous avait entendues glousser en parlant de lui ? Venais-je de me ridiculiser devant ce dieu grec ? Je sentais l'excitation me gagner et mes joues s'enflammer sous l'intensité de son regard. Au bout de quelques minutes, il s'est avancé vers nous et, avec un naturel désarmant, il a demandé mon numéro.

Le dieu grec était en fait texan. Et mannequin, sans surprise. Nous nous sommes revus à Paris et, de fil en aiguille, nous sommes sortis ensemble. R. est devenu mon premier petit ami, et notre relation a duré près d'un an. Elle m'a beaucoup apporté, mais elle était sans comparaison avec la suivante, celle qui a changé le cours de ma vie…

3

« Pourquoi tu chantes Prince ? »

Ma copine Camille en avait assez de m'entendre fredonner les titres de *Diamonds and Pearls,* le casque de mon walkman sur la tête – c'était les années dinosaures –, pendant nos virées en métro. Mon frère m'avait amenée à un concert de Prince quelque temps plus tôt, et j'avais accroché à son style funk, incontournable depuis *Purple Rain,* et à la démesure de sa prestation scénique. C'était mon premier concert, et je ne m'attendais pas à recevoir une telle claque. Après ça, j'avais acheté la dernière cassette de l'artiste, plus pour sa musique que pour l'homme.

« Alors, qu'est-ce que t'as avec ce chanteur ? » a insisté Camille. Comme elle m'agaçait et m'empêchait de profiter de ma musique, je décidai de la faire marcher : « T'as pas compris ? C'est mon mec ! On va chanter ensemble, alors je m'entraîne… » Je soutins mon mensonge jusqu'à porte Maillot, me régalant de voir la mine incrédule et méfiante de mon amie, que je parvenais à faire douter. Je ne savais pas encore que je croiserais la route de Prince et que derrière mon coup de bluff se cachait une prophétie.

C'est à son concert à Bercy, en 1992, que je l'ai rencontré. J'accompagnais un ami choriste, Théo Allen, qui participait à la première partie. À la fin de celle-ci, l'excitation était à son comble. Prince est arrivé sur scène… en vaisseau spatial. On sentait que le type ne faisait rien comme tout le monde. Moi, je suis partie en *backstage* retrouver Théo.

Dans les coulisses, alors que je bavardais avec mon copain et me moquais gentiment de sa tenue, Prince nous a croisés entre deux changements de costume. « Il t'a regardée ! » s'est écrié Théo. Son enthousiasme m'a fait rire. Je n'avais pas l'intention d'interpréter la groupie rougissante. Je venais voir mon ami, point barre. Cependant, pour ne pas jouer les ermites, nous nous sommes insérés dans la fosse, juste devant la scène, pour les deux dernières chansons.

J'ai pu avoir un aperçu du show délirant, dans lequel la mise en scène, les jeux de lumière et les effets spéciaux créaient une atmosphère hors du temps, plongeant le public dans une transe collective. J'avais la sensation que les yeux de Prince se posaient souvent sur moi, mais Théo m'affirmait qu'à l'avant-scène tout le monde avait cette impression, que c'était prévu pour ; cependant, plus tard, Prince confirmera mon ressenti.

À la fin du concert, nous avons suivi l'équipe à l'after qui avait lieu à L'Arc, pour une soirée qui, à mon grand désarroi, était *no smoking* sur demande de la star. Ça paraît banal aujourd'hui mais, en 1992, c'était exceptionnel. À cette époque, j'associais la cigarette à toute forme de réjouissances sociales, un piège dans lequel tombent malheureusement beaucoup de jeunes, et dont on peine ensuite à se sortir.

Comme respecter les règles n'était pas mon plus grand atout, je me suis mise en quête d'une cigarette, après avoir dansé un moment avec Théo. J'ai passé un temps fou à errer d'âme en âme avant de trouver enfin le Saint-Graal : une fille qui voulait bien me passer une clope. Je me suis alors isolée dans l'espace VIP pour l'allumer. Satisfaite, j'ai tiré ma première taffe de la soirée.

À cet instant, une main est venue sournoisement m'ôter ma cigarette. Je me suis retournée, furieuse, prête à incendier celui qui avait osé me retirer ce petit plaisir, et me suis retrouvée nez à nez avec… lui. Le mec qui se déplaçait en vaisseau spatial. Seul, sans sa horde de fans.

Prince se tenait devant moi, sourire aux lèvres, le visage balayé par les spots lumineux qui éclairaient la boîte. *Ma* clope à la main. Tant pis si c'était la star de la soirée, j'explosai : « Vous vous croyez tout permis ? ! Je suis désolée, je sais parfaitement qui vous êtes mais, moi, j'ai envie de fumer ! Alors si vous voulez que je quitte le club, très bien, mais pas sans ma clope ! » Il éclata de rire. Je ne sais pas si c'était à cause de ma tirade indignée ou de mon anglais approximatif, mais ça a brisé la glace.

Quand il m'a demandé qui j'étais, j'ai extirpé de ma banane – les années dinosaures, je vous dis – un CD que j'avais sorti récemment et qui me servait de carte de visite ; c'était un réflexe qu'avaient tous les aspirants chanteurs, quand on ne pouvait pas encore renvoyer vers une page Insta ou YouTube. Puis il m'a pris la main et fait sortir du club par une porte dérobée, me proposant d'écouter mon CD dans sa voiture. Il s'agissait de *When I Got the Mood,* l'un de mes premiers essais musicaux d'adulte, dont le single était paru cette année-là. Après l'expérience *Poil de carotte* et les remarques blessantes de mes camarades d'école, je m'étais juré intérieurement de revenir avec un tube dément, qui me vengerait de tous ces crétins qui n'avaient pas cru en moi. J'en avais fait une affaire de fierté, façon Far West. Alors, quand des producteurs m'avaient approchée pour sortir un single, j'avais saisi l'occasion. Mais il me restait encore beaucoup à apprendre pour réaliser un projet qui me ressemblerait, et en lequel je pourrais croire. Prince l'a tout de suite compris.

Alors que nous écoutions ma chanson dans sa voiture, je n'étais pas spécialement nerveuse, car je n'étais pas une fan qui venait voir son idole en concert, je ne réalisais pas un rêve ou un fantasme. De plus, je venais de lui crier dessus en boîte, donc j'étais plutôt détendue, du moins autant qu'on puisse l'être au milieu du cortège quasi présidentiel qui l'accompagnait. Prince était constamment entouré de gardes du corps, de véhicules chargés de protéger le sien, et tout ce protocole me mettait une certaine pression.

À la fin de mon single, sans transition, il m'a demandé : « Tu sais cuisiner ? » J'ai hoché la tête, un peu perdue. « Alors on va chez moi. » Il m'a emmenée avenue Foch, dans son immense appartement surchauffé. Par deux mille degrés, j'ai découvert ses mille mètres carrés couverts de moquette hollywoodienne de dix centimètres d'épaisseur (moquette que j'ai ensuite reprise dans tous mes appartements), un dédale de pièces dans lequel je me suis perdue plus tard, en cherchant la cuisine. Tout en discutant, je nous ai préparé un repas que nous avons partagé tardivement. De fil en aiguille, un malentendu linguistique nous a rapprochés. Nous parlions à bâtons rompus, et lorsque je lui ai dit : « *I want to test you* » (je veux te tester), il a compris – ou préféré comprendre – « *I want to taste you* » (je veux te goûter). Notre premier baiser est parti de là. Ne jamais négliger les vertus des quiproquos.

Lorsqu'il est reparti à Los Angeles le lendemain, une même idée nous obsédait l'un et l'autre : nous revoir. Et le plus vite possible ! Prince n'a pas tenu longtemps. Il m'a appelée le jour suivant pour me demander de le rejoindre à L.A. le temps d'un week-end, et je n'ai pas hésité une seconde. À la sortie de l'aéroport, après un vol en première classe, une limousine m'attendait. Elle m'emmena à l'hôtel Montrose, où j'ai pu me reposer et me préparer avant notre rendez-vous du soir. Dès le moment où j'ai mis un pied dans l'hôtel, la panique m'a gagnée, comme à la veille d'une compétition olympique. Je tâchais de me préparer au mieux mais faisais tout mal :

le maquillage, l'épilation, l'habillage… une vraie catastrophe. Le soir, ses gardes du corps m'ont appelée depuis la réception : « *The boss is waiting for you* » (le boss vous attend). J'étais au bout de ma vie, mon sang jouait au karting dans mes veines. Dans l'ascenseur, je me suis regardée mille fois dans la glace pour voir si j'avais l'air aussi stressée que je l'étais.

J'ai pris place dans la limousine surprotégée, direction le Glam Slam, une boîte qui, comme je l'appris plus tard, lui appartenait. Lorsque nous avons commencé à discuter, l'échange entre nous avait perdu de sa fluidité, car j'étais paralysée par l'expérience incroyable que je vivais. Il m'a fait tester un porto, sa boisson de prédilection, que j'ai trouvé trop sucré. Je ne buvais jamais, à cette époque (hormis le verre de vin occasionnel des dîners), et lorsqu'il m'a demandé ce que je voulais boire, j'ai choisi un Long Island iced tea, qui sonnait plutôt inoffensif. Insouciante, captivée par sa présence et le dévorant des yeux, j'ai vidé mon verre à la paille en quelques secondes, comme un Coca, sans me rendre compte que c'était de l'alcool fort – autant dire qu'il m'est monté au cerveau par voie express. Alors que j'étais totalement désinhibée par le cocktail, la première question que j'ai réussi à lui poser fut : « *Are you gay ?* » Piqué au vif, il a posé violemment les mains sur la table et m'a répondu en se levant : « *Am on show you how gay I am…* » (Je vais te montrer comment je suis gay…). Il m'a entraînée à l'extérieur, jusqu'à sa voiture, où il m'a embrassée avec passion. Nous avons alors passé notre première nuit d'amour, un souvenir mémorable, comme tous ceux qui suivraient. Car à compter de ce jour, Prince faisait partie de ma vie.

Notre relation n'a jamais rien eu de normal. Pendant les quatre années qu'elle a duré, nous n'habitions pas le même continent. Nous nous sommes vus en pointillé, dès que l'un de nous pouvait s'envoler pour rejoindre l'autre, pour quelques jours intenses et grandioses. Pendant longtemps, à l'approche du week-end, je prenais le RER pour rejoindre Roissy. À l'aéroport de Minneapolis, une limousine m'attendait. Je rejoignais Prince et son gang, composé de tous ses amis musiciens, parmi lesquels Janet Jackson et Lenny Kravitz.

Nous enchaînions les soirées, toutes plus incroyables les unes que les autres, les jams, nous dansions toute la nuit. Parfois, il privatisait un cinéma pour que nous puissions voir vingt minutes d'un film, seuls dans la salle, pop-corn à la main, avant d'aller dîner au restaurant, en faisant une halte à Paisley Park, son studio privé, pour l'écouter taquiner la guitare. Je lui parlais des contrats que je décrochais, en tant que mannequin ou pour de petites apparitions dans des sitcoms, et il me prodiguait des conseils pertinents. Ses seize ans d'avance sur moi et sa carrière internationale, qui explosait depuis les années 1980, lui donnaient un recul et une expérience précieuse. Mais, surtout, nous partagions le même humour et une complicité qui grandissait au fil des rencontres. Le dimanche soir, je revenais à Paris pour passer mes castings. Un rythme de fou, mais on ne vit qu'une fois.

Nous sommes rapidement devenus accros l'un à l'autre, et nos adieux étaient déchirants, au sens littéral : quand on se séparait à l'issue d'un week-end, Prince découpait la dernière tenue qu'il avait portée pour m'en donner la moitié. Ainsi, je pouvais conserver avec moi ce bout de tissu imprégné de son parfum jusqu'à notre prochaine rencontre. Lui emportait mes vêtements pour les porter, en les customisant avec des accessoires, son logo, ou autre chose. Nos habits représentaient une petite part de nous-mêmes, que l'autre pouvait garder précieusement.

Une année, Prince m'avait préparé un anniversaire surprise et envoyée faire du shopping pour me trouver une tenue. Sauf que j'ignorais à quel genre de soirée je devais m'attendre. Comme la démesure était généralement au programme, ce pouvait aussi bien être une balade à chameau qu'un apéro à la Maison Blanche. Dans le doute, j'ai opté pour une robe noire, longue et très chic, qui ferait honneur aux Clinton. Mauvaise pioche. Il avait organisé une soirée décontractée avec ses amis musiciens, au milieu de qui j'avais l'air d'une présentatrice des Oscars.

Son assurance, son succès et sa confiance en lui ne l'empêchaient pas de se montrer jaloux et possessif. J'en ai fait les frais lors d'un week-end à l'hôtel Montrose, où je séjournais lorsqu'il ne pouvait pas m'accueillir chez lui. Un soir, j'étais descendue à la réception à la recherche d'un film. Bobby Brown est arrivé au même moment, avec la même requête. Je ne l'ai absolument pas reconnu. Le concierge nous a alors suggéré d'aller voir un film ensemble, et comme ça aurait été impoli de refuser nous sommes partis au cinéma. Il m'a semblé sympathique et, puisque je n'avais rien de prévu ce soir-là, nous avons poursuivi la soirée au restaurant, puis au club One, une boîte fréquentée par les personnalités du show-biz.

À un moment donné, les portes du club ont claqué comme dans un saloon, laissant entrer les gorilles de Prince. Sans un mot d'explication, ils m'ont cueillie sur la piste de danse et escortée jusqu'à sa limousine. Là, ils m'ont passé Prince au téléphone. Il était hors de lui, furieux que j'aie osé m'afficher dans Los Angeles en compagnie de Bobby Brown. Je tombai des nues. Je pensais avoir fait la connaissance d'un type de passage, comme moi, mais il s'avérait que j'avais passé la soirée avec le mari de Whitney Houston. Prince m'a défendu de le revoir, comme si notre soirée avait été une fugue romantique entre adolescents. Le lendemain, j'apprenais que Bobby Brown, homme pour le moins instable, avait piqué une crise dans la nuit et causé d'énormes dégâts dans l'hôtel. Pour ma part, après m'être fait sermonner par Prince, j'ai eu droit à un coup de fil inattendu. Lorsque le concierge de l'hôtel m'a appelée pour m'informer que Whitney Houston était en ligne et souhaitait me parler, je n'y croyais pas : « *Are you sure ?* » Cette chanteuse que j'admirais tant et prenais comme modèle vocal voulait me parler personnellement ? Oui, mais malheureusement, c'était pour déverser un flot d'insultes dans mes oreilles, parce que j'avais eu le malheur de passer la soirée avec Bobby, son compagnon. Pour moi qui étais fan de sa voix, qui m'entraînais depuis des années en chantant les titres de ses albums, ce premier contact était particulièrement bizarre. J'aurais voulu lui dire mon admiration, mais ça lui aurait sans doute paru déplacé. On ne m'a plus reprise à demander des films à la réception.

Il est toujours risqué de goûter à un tel train de vie si jeune, alors que notre carrière est devant nous. Après avoir vécu ces moments intenses et inégalables, des concentrés d'existence où la seule limite est le nombre de secondes contenues dans un week-end, tout peut paraître fade. Je pensais qu'en tenant cette cadence sans perdre de vue la réalité, en gardant la tête sur les épaules, je prouvais ma solidité et me préparerais aux montagnes russes du show-biz. Je me trompais. Il m'a fallu déployer des ressources autrement plus grandes pour ne pas quitter terre par la suite.

Si Prince reste l'un des hommes qui a le plus compté pour moi, c'est parce qu'il a très vite endossé le rôle de mentor. Je ne cherchais pas spécialement de figure tutélaire, mais il était le seul artiste que je respectais assez pour écouter ses conseils. Il avait de l'ascendant sur moi, une autorité naturelle, un parcours exceptionnel à son actif et, surtout, il souhaitait sincèrement m'aider. Avant lui, personne ne m'avait coachée avec sagesse et bienveillance. Personne ne m'avait transmis les leçons de vie qui ne s'acquièrent qu'après des années d'expérience, de collaboration et d'observation de la nature humaine.

Prince était un homme fin, confiant, que le succès n'avait pas fait basculer dans la complaisance. Il tenait les rênes de sa carrière prolifique et il savait la mener sans jamais se reposer sur ses lauriers. Toujours se dépasser, toujours surprendre son public. Et il avait de l'instinct : aux prémices d'Internet, il est l'un des premiers musiciens à avoir profité du changement d'économie que permettait le numérique. En vendant ses albums directement en ligne, il parvenait à se rémunérer sept fois plus que par le circuit classique. J'écoutais donc ses conseils avec intérêt, davantage que ceux de ma mère, qui s'improvisait agent depuis quelques mois.

Ma mère avait perdu son travail dans la mode et, pour la dépanner, je lui avais proposé de devenir ma manager. C'était elle qui négociait mes contrats et défendait mes intérêts. De l'eau avait coulé sous les ponts depuis que j'avais quitté la maison et, maintenant que je travaillais et que le mannequinat me souriait, elle s'intéressait de près à mon activité. J'étais partie pour vivre ma propre vie et m'affranchir d'elle, mais au fil des mois j'étais en bonne voie pour réaliser son propre rêve : devenir mannequin, chanteuse, et me voir ouvrir les portes du show-business.

Sur le moment, le paradoxe ne me frappait pas. J'enchaînais les castings, je prenais tout ce que je décrochais, shootings, pubs, petits rôles, sans poursuivre un but spécifique. Ma mère m'y encourageait, elle était dans la réaction plus que dans la stratégie. Comme moi, elle apprenait son rôle sur le tas.

Prince cherchait à m'enseigner les ficelles du métier. Comment parler aux journalistes, aux collaborateurs, comment rester maître de soi en toute situation. Dans son bureau de Minneapolis, il m'apprenait à m'exprimer. Calmement, sans m'emporter. Si sa voix était aiguë quand il chantait, elle devenait grave et posée lorsqu'il échangeait avec les autres.

Pour lui, crier était la marque des faibles. Les forts ne crient jamais. Ils peuvent asséner les vérités les plus dures à entendre sans élever la voix, avec un calme absolu qui les rend acceptables.

Je l'ai déjà vu renvoyer des gens de son staff en leur expliquant tranquillement ce qui n'allait pas, presque avec douceur, et ça passait toujours. Pas de drame, pas de crise. « Il faut être tempéré. Dans tes chansons tu peux parler comme Antoine de Caunes dans *Rapido*[1], mais dans la vie il faut que tu saches parler doucement. »

Il faut dire que j'étais loin de correspondre à ses critères de féminité. Pour Prince, une femme était avant tout une lady : elle devait être élégante, porter des robes, tenir des propos mesurés et évoluer gracieusement en talons et en fourrure. Faire du kickboxing ne faisait pas partie du programme. J'étais quelqu'un d'entier, de spontané, qui savait se défendre quand on lui manquait de respect. Je sentais qu'il me voyait comme un diamant brut qu'il fallait en quelque sorte polir, mettre en valeur, et qu'il croyait sincèrement en moi.

Pour m'amener à dépasser mes peurs et à sortir de ma zone de confort, il me donnait des petits défis. Par exemple : appeler TF1 et insister pour parler au DG, quand je suis devenue animatrice. Me rendre dans une boîte de nuit qu'il voulait acheter, avec une valise de dollars, face à de véritables mafieux. Repérer les versions pirates de ses albums sur les radios ou en boîte et les dénoncer (il ne supportait pas le piratage).

Il m'avait aussi confié la confection des costumes de son groupe, la New Power Generation, pendant deux tournées. Il avait apprécié les prototypes que je concevais dans l'atelier du Sentier et que j'ai porté sur M6 dès que j'ai commencé à y travailler. Je m'étais donc lancée dans la conception de pièces uniques, en utilisant les matériaux en vogue, du tissu moulant noir, des hologrammes reproduisant le *love symbol,* du sur-mesure. Ma première expérience de styliste.

1. *Rapido* est une émission télévisée consacrée à la musique, diffusée à la fin des années 1980. Elle était présentée par Antoine de Caunes, qui se distinguait par un débit de parole très rapide.

Il plaçait sa confiance en moi, m'investissait de missions de plus en plus officielles, si bien que, à ses côtés, je gagnais petit à petit en assurance.

En 1993, nous avons enregistré ensemble *Le Plus Bel Homme de l'univers,* chanson transposée de son tube *The Most Beautiful Girl in the World.* Prince m'affirmait avoir écrit la version initiale en pensant à moi, ce à quoi je lui rétorquais : « Tu dis ça à toutes les nanas avec qui tu couches ? » J'étais une romantique.

Comme toujours, nous manquions de temps, et il nous a fallu traduire le texte en un éclair et faire appel à Zazie, qui était alors ma choriste, pour enregistrer les chœurs en un temps record. L'enregistrement avait lieu dans le studio Guillaume Tell, à Suresnes, où nous croisions souvent Vanessa Paradis et Lenny Kravitz. Vanessa et moi étions les seules à fumer, ce qui était là encore proscrit – Prince ne supportait pas ça. Nous nous glissions donc hors du studio pour des pauses cigarette illicites, avant de masquer nos écarts avec du chewing-gum. Un jour, comme nous ne parvenions pas à trouver de chewing-gum, nous sommes allées jusqu'à arracher les feuilles d'un arbre à caoutchouc ! Nous pensions que, en les mastiquant, notre haleine aurait un agréable parfum de chlorophylle. Mauvaise idée, ne faites jamais ça chez vous. Prince a tout de suite compris le stratagème et m'a passé un savon. Mais nous avons tellement ri que ça en valait la peine.

Pour le shooting de la pochette de l'album, il avait mis à ma disposition une pièce entière remplie de vêtements de créateurs, afin que je trouve la tenue parfaite. Pendant des heures, j'ai essayé robes, bustiers, tops, jupes, chaussures, vestes… Rien ne me plaisait. Finalement, j'ai opté pour la création de dame Nature : c'est dans le plus simple appareil que j'ai posé auprès de lui, poitrine bandée de ruban adhésif et guitare en bandoulière.

Ce single n'a malheureusement jamais vu le jour. Prince était en conflit avec la Warner et, dans ce contexte, il était impossible de commercialiser les CD pourtant déjà pressés. *Le Plus Bel Homme de l'univers* est demeuré inconnu du public.

Soucieux de ma carrière musicale naissante, Prince m'aidait à me poser les bonnes questions. Lorsque je lui avais fait découvrir mon premier single, qui, sans être un succès, avait tout de même été diffusé, il m'avait aussitôt interrogée :

« Est-ce que tu aimes cette chanson ?

— … Non, avais-je admis.

— Tu l'écoutes chez toi ?

— Non.

— Dans ta salle de bains ?

— Non.

— Dans ta voiture ?

— Non.

— Alors elle n'en vaut pas la peine. Lorsque tu auras répondu oui à toutes ces questions, tu sauras que tu tiens un tube. Et ça marchera. »

L'avenir lui a donné raison. Aux premiers accords de *Dieu m'a donné la foi,* j'ai tout de suite senti le potentiel. J'avais envie de le passer en boucle chez moi, dans ma voiture, partout. J'aimais *vraiment* cette chanson.

Cette condition d'adhérer à ce qu'on chante peut sembler évidente, mais c'est loin d'être le cas. Les producteurs nous proposent des musiques qu'ils estiment être ce que les gens écoutent, dans la mode du moment ou du moins dans la même lignée. Ils sont censés bien connaître le marché, sentir les tendances émergentes et repérer les talents. On est donc tentés de s'en remettre à eux, de suivre les opportunités qu'ils nous offrent. À cet âge, je ne me faisais pas encore assez confiance pour suivre mon instinct. Pour me dire que si je n'aimais pas une chanson, si je ne l'assumais pas et si je n'en étais pas fière, il y avait peu de chances pour que le public soit conquis. Écouter son instinct, c'est comme tout, ça s'apprend.

Le mantra de Prince était simple : avant de faire quoi que ce soit, il faut savoir ce qu'on veut. Puis, tout mettre en œuvre pour l'obtenir. L'impulsion initiale part toujours de nous et nous porte à travers les épreuves. « *You're young, smart, rich and beautiful. You can get anything you want.* » Je prenais conscience de tous les atouts à ma disposition et de la nécessité de les diriger vers un but qui me ressemblerait.

C'est dans cet esprit que j'ai élaboré mon plan quinquennal. Je suis partie de cette question essentielle : qu'ai-je envie de faire de ma vie ? Plutôt que de me laisser porter par les sollicitations et les opportunités, quel horizon voulais-je atteindre ? Contrairement à Prince, je ne me sentais pas investie corps et âme dans une seule voie artistique. La musique pouvait me transporter, me donner des sensations incomparables, mais ce n'était pas mon obsession. Je ne voulais pas m'enfermer dans une branche, car je n'étais pas certaine de pouvoir maintenir une passion monomaniaque toute ma vie.

Bien plus tard, j'ai appris que la pluridisciplinarité était typique des hauts potentiels. Alors que j'allais avoir quarante ans, une psychologue m'a diagnostiquée surdouée après une batterie de tests, et les particularités de cette condition ont éclairé une bonne partie de mon passé, comme on le verra plus tard. Au moment où j'élaborais mon plan, je ne savais pas encore que les intérêts variés, les facilités d'apprentissage et la capacité de sauter d'une activité à l'autre en faisant preuve d'autant de créativité, étaient caractéristiques de mon profil. Je savais seulement que j'avais envie de vivre mille vies, de tester tous les milieux artistiques. Ma mère m'avait toujours encouragée à me diversifier, en me répétant : « On ne met pas tous ses œufs dans le même panier. » Ce n'était pas pour rien si on m'appelait Multipass.

Je dressai donc un agenda sur cinq ans : je voulais percer dans le mannequinat, la télévision, la musique et le cinéma. Toujours rajouter des cordes à mon arc. Mes patrons chez Warner et Carrère me reprochaient de ne pas m'en tenir à un seul métier, mais impossible de m'y résoudre.

J'avais aussi des projets pour l'après-mandat : une fois que j'aurais concrétisé mon plan, bien plus tard, quand je n'aurais plus le physique requis pour être sur le devant de la scène, je passerais derrière. Je deviendrais styliste, je créerais ma collection, ou je prendrais la caméra et réaliserais des clips. L'essentiel, c'était que rien n'était hors d'atteinte. Rien n'était inaccessible. « *You can get anything you want.* »

Ma carrière de mannequin étant déjà lancée, je m'attaquai très vite à la voie suivante : la télévision.

4

En 1994, l'été de mes vingt ans, j'étais invitée dans le bureau de Laurence Aupetit, la directrice du département musique et divertissement de M6. Je ne savais pas très bien ce que je faisais là. Je savais seulement qu'elle m'avait repérée dans *La nuit la plus love. Première coupe du monde de la séduction*, une émission produite par Thierry Ardisson, à laquelle j'avais participé en tant que jury. Qu'est-ce que mes compétences de « séductrice professionnelle » avaient bien pu inspirer à Laurence Aupetit ?

Dès l'instant où j'entrai dans son bureau, son accueil chaleureux désamorça mon trac. Je découvrais une femme encourageante, énergique, bien plus confiante dans mon potentiel que je ne l'étais. Elle était catégorique : j'étais faite pour la télévision.

La nervosité m'envahit à nouveau. Je lui souris, un peu gênée, et lui fis poliment remarquer que j'avais peu d'expérience. Son enthousiasme me prit de court. Son instinct ne la trompait jamais, elle affirmait pouvoir reconnaître la fibre télégénique au premier coup d'œil et me brossa dans le sens des boucles. Elle m'avait fait venir pour me proposer d'animer un programme musical dès l'automne, le *Hit Machine.*

Malgré le coaching Princier pour booster mon estime personnelle, j'étais toujours embarrassée face à des gens qui croyaient en moi et investissaient dans mon avenir. Laurence jugeait de mes capacités sur la base d'une seule émission, au montage peut-être flatteur. Et si elle se trompait totalement sur mon compte ?

Dans un réflexe d'autosabotage, j'ai protesté : « C'est super gentil, j'adorerais faire de la télé, mais vous devez savoir que j'ai une diction calamiteuse, je ne pourrai jamais assurer. » Je bafouillais à moitié, comme pour étayer mon propos, tant j'étais persuadée de ne pas pouvoir y arriver.

Être élevée dans une famille où j'étais surtout encouragée à me taire ne m'a pas aidée à m'exprimer avec confiance, je m'en rends compte aujourd'hui. J'avais peur de me ridiculiser, de me faire à nouveau chambrer par mes copains, comme à l'époque de *Poil de carotte.* Présenter une émission me paraissait au-dessus de mes forces. Mais Laurence insistait, et sa foi ébranlait mes doutes.

Après avoir quitté son bureau, je réfléchis à ce qui me retenait d'accepter. La peur de décevoir, de me rendre ridicule, peut-être même de me griller dans le milieu. En somme, des insécurités personnelles, rien de plus. Est-ce que j'avais envie de relever le défi ? D'entamer un nouveau chantier de mon plan quinquennal ? La réponse était oui. Alors je savais ce qu'il me restait à faire. Prendre un vrai risque et me jeter à l'eau.

Lorsque la première émission arriva, j'étais morte de trouille. Le tournage se passait en direct, pas droit à l'erreur. Je coprésentais le programme avec Yves Noël, un animateur dont le style méthodique différait radicalement du mien. Crayon derrière l'oreille, il relisait consciencieusement ses fiches bristol, dégainait son Stabilo pour marquer les emphases, alors que, le moment venu, il lisait son texte sur le prompteur. Ces réflexes de premier de la classe me laissaient perplexe, c'était beaucoup de contraintes pour mimer la spontanéité. Malgré mon trac, je parvenais à être naturelle sans trop d'effort. Il me suffisait de lire mon texte une fois pour le retenir, et je pouvais alors concentrer mon attention sur la caméra.

Il n'empêche que je n'en menais pas large après cette première décisive. Le lendemain de l'émission, je m'attendais à ce que Laurence m'appelle d'un instant à l'autre pour me virer. Je l'imaginais broyer du noir dans son bureau en repassant ma prestation de la veille, des larmes de regret aux yeux, harcelée par les plaintes des téléspectateurs qui n'avaient pas compris un traître mot et menaçaient de jeter leur télé. Bref, je me faisais des films, qui se terminaient généralement par mon exil dans un pays lointain.

J'étais déjà en train de réfléchir à des excuses publiques lorsque le téléphone sonna. « Ophélie, c'est extraordinaire, les gens vous ont adorée ! » s'écria Laurence. Je demeurai bouche bée. « Le standard explose depuis ce matin, les gens vous réclament ! » J'avais passé l'épreuve du feu, je n'en revenais pas ! Cet engouement des téléspectateurs reste le plus grand mystère de ma vie. Grâce au soutien du public, j'ai pu continuer à présenter *Hit Machine* pendant un an et demi. Ma carrière télévisée était lancée.

À partir de cette première expérience, les émissions qu'on m'a confiées ont proliféré comme les branches d'un lierre fou, recouvrant peu à peu les grilles de M6. En très peu de temps, j'ai dû apprendre à jongler avec plusieurs programmes : tout en présentant le *Hit Machine* chaque semaine, j'ai coanimé le *Dance Machine 4* à Bercy, puis assuré le *Dance Machine Club* tous les mercredis, en dépit de mon aversion pour la danse.

Le *Dance Machine 4* était sans doute le plus grand challenge de tous. Je l'animais en direct avec Laurent Boyer sur la scène de Bercy. Sans avoir reçu aucune directive, ni texte ni indication de déplacement, je m'étais retrouvée catapultée sur scène avec un micro devant des milliers de spectateurs. Je ne savais pas quoi dire, ni où me mettre, une vraie scène de cauchemar. J'ai eu une attaque de panique pendant deux secondes, puis j'ai improvisé, parlé à Laurent, fait ce que j'ai pu. Mais je comprenais qu'on m'avait posée là à titre décoratif, que mon rôle se résumait à être jolie. J'étais très mal à l'aise, mais aussi furieuse, car c'est à cause de ce genre de situations que naît le syndrome de la potiche.

Dans le *Dance Machine Club,* j'ai eu l'idée d'embaucher mon frère en tant que chroniqueur. Ça partait d'un bon sentiment : j'ai toujours voulu partager mon succès avec mes proches, que ce soit avec ma mère, qui a géré pendant des années ma carrière, ou avec mon frère. Et Mickaël avait de très bons atouts. Excellent musicien, DJ de talent, il a développé un flair très sûr pour repérer les tendances musicales qui plaisent au public.

Pourtant, notre collaboration a mis un peu de temps à se mettre en place. Nous devions tourner une émission à Disneyland, et je lui avais confié la rubrique DJ. Mais, comme il manquait d'expérience, le travail était plus laborieux pour lui que pour moi. Alors que le stress et les *deadlines* serrées me galvanisent et décuplent mon efficacité, ces mêmes facteurs le paralysent. J'essayais donc de créer un climat de confiance afin qu'il profite lui aussi de l'expérience.

Parmi les émissions musicales qui ont suivi, celle que j'ai le plus appréciée était sans doute *Ophélie Street,* un programme sur l'actualité musicale que j'animais dans une voiture à travers les rues de Paris. Je me suis beaucoup amusée à faire cette émission, et la productrice me laissait une grande liberté. Je pouvais choisir les chroniqueurs qui intervenaient avec moi ou travaillaient en *backstage.* J'ai à nouveau fait intervenir mon frère en tant que DJ, mais aussi mon meilleur ami, J.-C. (le fils d'Anna), qui faisait le chauffeur, et ma styliste. Une vraie bande de copains dans une voiture, parfois sur une péniche, toujours en itinérance. Nous avons passé de très bons moments, dans une ambiance détendue et festive. C'est l'un de mes meilleurs souvenirs d'animatrice.

J'étais toujours en mouvement dans *Coming Next*, une émission hebdomadaire sur les tendances musicales, que je présentais assise sur un traveling. Je m'entendais bien avec le réalisateur, Stéphane Rybojad, et surtout avec sa compagne, Maïtena Biraben, qui écrivait mes textes. À l'époque, je l'encourageais à se lancer comme animatrice ; plus tard, j'ai suivi avec plaisir sa carrière florissante à France 5 puis Canal+.

Après deux ans à M6, j'assurais donc plusieurs émissions en parallèle. J'étais rodée, j'aimais l'excitation du direct, surtout en *prime* (le créneau du début de soirée), l'énergie des plateaux, l'esprit collectif des équipes de tournage, mais je travaillais à un rythme de dingue. Je me donnais à 400 % en studio, puis je relâchais la pression pendant les soirées quand j'avais un peu de temps libre. Rarement de vacances ou de temps morts, peu de moments pour souffler et me consacrer à moi. Je prenais à la lettre les conseils de Prince : se bouger pour réussir (« On se remue le cul ! »), saisir les opportunités, se donner à fond pour atteindre ses objectifs.

Alors que ma carrière d'animatrice battait son plein, notre relation commençait à s'essouffler. J'étais absorbée par mes activités, et la perspective de m'envoler pour Minneapolis le week-end ne m'enchantait plus autant. Je construisais ma propre vie à Paris, et cet entre-deux géographique ne m'aidait pas.

De plus, je commençais à me lasser de ces rapports de mentor à élève. Je n'étais plus la jeune femme qui buvait les paroles de son pygmalion, et je ne souhaitais pas être constamment ramenée à cette position. Lorsqu'un couple adopte une dynamique qui assigne des rôles à chacun, il est très difficile d'en sortir, surtout quand on se voit en pointillé. Je tolérais de moins en moins son attitude de star, ses retards et ses humeurs.

Plus les mois passaient, plus nous nous éloignions. Je n'allais plus le voir à Minneapolis, et lui avait beaucoup de mal à me joindre quand il venait à Paris. Avec ses assistants qui tournaient sans arrêt, Prince perdait tout le temps mon numéro de téléphone. Pour me trouver, il se présentait dans une boîte en vogue, comme le VIP Room de Jean-Roch, dans l'espoir de me voir apparaître. Je recevais alors des messages affolés du patron, me demandant de le rappeler au plus vite.

Une fois, j'avais attendu quelques jours pour le rappeler, car j'imaginais qu'il voulait simplement me convaincre de venir à une de ses soirées. Quand je l'avais eu au téléphone, il avait explosé : « Ophélie, ça fait cinq jours que je t'appelle ! Prince t'attend dans la boîte, il est comme un fou ! » Je l'avais aussitôt rejoint. Il était en compagnie de Kevin Spacey et de Naomi Campbell. En sortant de la boîte, nous nous sommes fait surprendre par les paparazzi ; cela faisait quelque temps que notre relation avait été découverte et commentée dans la presse. Nous avons ensuite passé la nuit sous la tour Eiffel, tous les quatre, en plein hiver, à rire comme des fous devant les imitations de prédicateur de Kevin Spacey. Ce genre de moments était magique, mais ils restaient ponctuels et imprévisibles. Or je ne voulais être à la disposition de personne.

Un élément déclencheur a signé la fin de notre liaison. La presse a révélé sa relation avec Mayte, une danseuse de son spectacle, qui lui tournait autour depuis longtemps. Prince m'avait assuré qu'elle ne l'intéressait pas, et je l'avais cru, jusqu'à constater l'évidence. Quelques mois après notre rupture, ils ont fini par se marier.

Comme avec tous les hommes importants qui ont suivi, nous sommes restés en très bons termes. Lorsqu'il revenait à Paris, il nous arrivait de nous voir, de nous rappeler les bons souvenirs et d'en fabriquer d'autres. Il est demeuré quelqu'un d'essentiel dans ma vie, un véritable ami, que j'ai gardé jusqu'à la fin.

5

Depuis que j'avais commencé à travailler à M6, j'étais l'enjeu d'un bras de fer musclé entre Laurence Aupetit et son mari, Michael Wijnen, patron de Warner. L'une voulait faire de moi une célébrité du petit écran, l'autre une star de la musique. Pour des raisons que je comprenais mal, il était inenvisageable que j'anime des émissions tout en remplissant des salles de concert. La scène culturelle française a toujours été bien compartimentée : pour être pris au sérieux, les artistes sont sommés de s'en tenir à une seule voie, sous peine d'être taxés de dispersion, d'opportunisme ou de mégalomanie. Il me fallait choisir mon camp, en évaluant les chances de succès. J'imaginais les époux le soir, dans le lit conjugal, se disputer ma carrière en tirant chacun un côté de la couverture.

Vous l'avez compris, je n'adhérais pas à cette vision des choses. Heureusement, je finis par trouver un accord avec Thierry de Navacelle, le patron de M6 Interaction : même s'il me restait contractuellement plusieurs émissions à assurer, il était d'accord pour m'en dispenser si je tournais un film pour le groupe, *Bouge !*, que j'évoquerai plus loin. J'ai ainsi pu poursuivre ma carrière musicale, libérée de mon contrat avec M6.

Je ne partais pas gagnante. Mes premiers singles n'avaient pas rencontré le succès espéré, et le bruit courait que je faisais du play-back. La rumeur était si tenace que, lorsque j'ai été invitée dans *Coucou c'est nous !*, Christophe Dechavanne m'a mise au défi de chanter a cappella. Je faisais alors la promotion de *Dad,* une chanson dédiée à mon père, que j'ai rapidement fait retirer des bacs, car je la trouvais trop racoleuse pour un sujet aussi douloureux (à ce moment-là, mon grand-père ne m'avait pas encore apaisée par ses explications).

Quand le présentateur a cherché à me tester, je n'ai pas hésité, même si j'avais un trac monstrueux. J'ai interprété une chanson de Prince, en assurant les différentes voix pour montrer toute la gamme de mon savoir-faire. Le public était conquis, Dechavanne impressionné, moi soulagée ; du moins jusqu'à ce qu'il me demande de monter sur une balançoire géante pour clore l'émission. Mais il en fallait davantage pour faire taire les rumeurs.

En 1995, tout a basculé. Lorsqu'on m'a proposé *Jacks and Aces,* la version initiale de *Dieu m'a donné la foi,* j'ai trouvé le morceau trop pop, arrangé dans un style musical qui ne me correspondait pas. Je ne voulais pas transiger une nouvelle fois sur mon style, ni faire une chanson pour faire une chanson. Mais j'ai senti son potentiel auprès du public lorsque j'ai pu tester la chanson en « yaourt » (c'est-à-dire en chantant des paroles indéterminées, suivant les sonorités que je cherchais à placer) lors d'un *Dance Machine.* Sur scène, le résultat ne s'est pas fait attendre : le yaourt eut un franc succès auprès de l'auditoire bientôt déchaîné, si bien que mes derniers doutes se sont envolés. Mes cheveux aussi. En m'apercevant sur les retours, en fond de scène, je vis mes boucles blondes flotter dans l'air sous l'effet de l'électricité statique, comme si ma tête était en apesanteur. L'image était hilarante, et s'accordait bien à l'effusion qui régnait dans le studio. Je finis le concert une main sur la tête.

Le patron d'East West, le label qui me produisait au sein de Warner, m'avait prévenue : il me donnait une dernière chance de réaliser un single. Il restait un titre à notre contrat, mais en cas d'échec notre collaboration s'arrêterait là. Une grosse pression pesait donc sur ce projet, mais paradoxalement celle-ci m'a galvanisée. J'étais portée par l'énergie et l'exigence de la dernière chance. Quitte à tuer dans l'œuf ma carrière de chanteuse, autant finir sur un morceau dont je serais fière, que je pourrais assumer artistiquement. Un morceau qui glorifierait Dieu, afin de le remercier pour ma carrière musicale, même si elle avait été jusque-là assez courte. Un morceau qui me permettrait de partir dignement. Ma carrière d'animatrice marchait très bien et je ne voulais pas la ternir par un coup musical sans intérêt. Au contraire, je voulais trouver le morceau qui me donnerait des frissons, l'envie de tout risquer, d'exposer ma notoriété durement acquise. *Jacks and Aces* n'était pas aboutie, mais j'étais sûre qu'on pouvait en faire quelque chose.

La chanson est passée entre les mains de Rick Mitral, grand producteur pop des années 1990, qui a écrit les premières paroles et lui a donné une autre envergure. C'est sa version que nous avons adaptée et enregistrée en Belgique avec Guy Waku, qui est resté mon acolyte depuis, et Fred Fraikin. Tous deux m'ont aidée à réarranger le morceau, en retranscrivant en musique ce que j'avais en tête : j'étais alors fan de Lisa Stansfield, et je voulais m'inspirer de son titre *All Around the World*. J'étais incapable d'orchestrer moi-même, mais je leur décrivais ce que je voulais grâce à ma voix, ou en tapant le rythme sur mon corps, à la Bobby McFerrin. Eux seuls parvenaient à traduire mes mimes vocaux en musique.

Doté d'une voix extraordinaire, Guy Waku avait collaboré avec des artistes comme Stevie Wonder. Grand costaud, charismatique, mystérieux, peu loquace, ce musicien de génie était sans cesse en train de créer des mélodies dans son cerveau fou. Il allait énormément compter dans ma carrière et prendre part à tous mes projets. C'est sans doute le collaborateur auquel je resterai la plus fidèle dans le show-business, et il fait partie intégrante de mon son. Ensemble, nous avons repensé *Jacks and Aces* dans un ton plus soul, développant un style R'n'B qui était alors peu répandu en France.

J'ai demandé à mon frère de nous aider pour adapter les paroles. De mon côté, j'avais le sujet. Je voulais parler de Dieu. Pas pour faire sa pub et remplir les églises, mais pour tenter de capturer en chanson la force qui me portait depuis que j'étais enfant. Cet élan mystique qui m'avait propulsée sur le devant de la scène, moi, Skeletor, qui me pensais dépourvue de talent. Je ne m'explique pas autrement que par une volonté divine les coups de chance et les opportunités qui se sont présentés sur mon chemin.

Petite, j'ai toujours senti la présence de Dieu au fond de moi. Je priais tous les soirs, comme pour me nettoyer des mauvaises ondes de la journée, je me confiais à lui, je le remerciais, formulais des souhaits. Il était d'autant plus important pour moi que, plus tard, à l'apogée de ma carrière, je l'ai perdu. Du jour au lendemain, je ne me suis plus sentie soutenue par cette force qui m'avait menée au sommet, j'étais lâchée sur une terre sans foi, au milieu des autres mortels, livrée à mes propres choix. La lumière s'est alors éteinte, pour ne se rallumer que bien plus tard.

Inspirés par ce sujet, Mickaël et moi avons peaufiné le texte pendant des heures pour aboutir aux paroles que vous connaissez aujourd'hui. Je nous revois plancher sur la moquette de mon salon, stylo à la bouche, nous arrachant les cheveux sur les couplets. Je n'ai jamais été très forte pour trouver des paroles en français, l'anglais me paraît une langue bien plus chantable. Les sonorités anglophones sont plus musicales, les rimes plus faciles, la plupart des mots sonnent bien et sont exploitables. Mickaël s'est donc occupé de la version française, tandis que je me concentrais finalement sur le titre anglais du CD deux titres.

Ce qui est certain, c'est qu'aucun de nous n'avait anticipé le succès de ce morceau. Je pensais simplement honorer mon contrat avec un dernier single, que j'ai voulu aussi accrocheur que possible. Nous avions tourné le clip à notre sauce, en nous faisant plaisir avant tout, loin de nous douter qu'il allait incarner un courant nouveau au cœur de ces années 1990.

Jusque-là, j'avais une petite notoriété en tant qu'animatrice télévisée. Elle était sans commune mesure avec le succès fulgurant qui a déferlé lorsque j'ai sorti *Dieu m'a donné la foi*.

Disque d'or ; 500 000 exemplaires vendus. Un raz-de-marée qui m'a propulsée sur le devant de la scène, et a fait basculer ma vie dans une autre ère. Celle de la célébrité hors norme. Extravagante. Débridée.

Du jour au lendemain, le public et les médias se sont approprié mon nom, mon image et ma vie. Je n'ai pas tout de suite compris que quelque chose m'échappait dans cet engouement médiatique sans garde-fou, qui était à la fois un tremplin et une plaque glissante. Dans l'insouciance de la jeunesse, j'ai accueilli cette réussite avec légèreté, me laissant emporter par la spirale positive qu'elle déclenchait.

L'album *No Soucy !* est sorti l'année d'après, avec des titres qui ont cartonné en single, comme *Le Feu qui m'attise* ou *Shame on U*. Dans cet album, j'ai pu déployer la veine R'n'B qui m'attirait tant dans la musique noire-américaine, ce courant encore confidentiel en France, dans lequel je baignais depuis longtemps. J'ai voulu m'en faire l'ambassadrice, impulser une dynamique qui pourrait inspirer d'autres artistes. Je me suis entourée de chanteurs comme le rappeur Coolio ou Siedah Garrett, afin de donner à l'ensemble des titres une empreinte « new jack » forte. J'ai fait attention à le rendre accessible au public français, en enregistrant des textes dans les deux langues. Sans cela, j'aurais certainement perdu des auditeurs.

La pochette de l'album a été réalisée par un photographe que j'admirais beaucoup et qui est devenu un ami : le talentueux Richard Aujard. Coïncidence, notre rencontre survenait des années après celle de nos parents, car ma mère avait travaillé pour le père de Richard, le couturier Christian Aujard, d'abord en tant que mannequin, puis au sein du service commercial, grimpant les échelons jusqu'à devenir directrice des ventes à l'international. C'est même ce travail qui lui avait permis de rencontrer Siebo, alors mannequin pour la marque. À présent, le destin nous réunissait Richard et moi, la nouvelle génération. C'était un peu comme rencontrer un cousin éloigné, tant son nom m'était familier. Nous avons entamé une collaboration artistique qui allait contribuer à forger mon image. Richard évoluait dans le monde des bikers, du rock, de la boxe, et son univers underground imprégnait son travail de photographe. Grand ami de Mickey Rourke, il m'a transmis sa passion de la boxe, que j'ai par la suite pratiquée pendant des années. S'il explorait dans ses documentaires des milieux durs, peuplés de mâles alpha, il était pour sa part d'une gentillesse authentique et d'un grand charisme. Il a donné à mon image M6 encore un peu lisse une coloration plus rock, plus *badass*, qui correspondait mieux à ma personnalité, et qui a largement contribué à ma carrière. En plus de la pochette de *No Soucy !*, je lui dois un calendrier Max 1996 aux photos magnifiques, un collector pour mes fans. La nouvelle de son décès m'a brisé le cœur, et a marqué pour moi la fin d'une amitié, et celle de toute une époque.

Après la sortie de ce premier album, le succès était au rendez-vous : *No Soucy !* est devenu disque de platine, et j'ai été nommée dans la catégorie Révélation féminine aux Victoires de la musique. Malgré les pronostics en ma faveur, le titre fut attribué à Stephend, une parfaite inconnue qui chantait une reprise de *Show must go on*, et dont le principal mérite était d'être la copine du producteur de l'événement. Sa victoire peu crédible a créé un énorme scandale, suite auquel des têtes sont tombées. Dans ma malchance, j'ai tout de même gagné en légitimité, car la profession dut reconnaître que ce prix m'avait été volé et me revenait de droit.

Malgré le succès populaire de l'album, ma maison de disques ne m'a pas proposé de tournée de concerts, qui m'aurait permis de créer un lien fort avec mon public. Était-ce pour ne pas compromettre les émissions que j'animais en parallèle sur M6, qui m'assuraient d'emblée une bonne visibilité ? Ou bien parce que les rumeurs sur mon incapacité à chanter en direct persistaient, quoi que je fasse ? Je ne l'ai jamais compris, mais cela me priva d'une grande partie de l'expérience. Une chanteuse qui ne fait pas de concerts, c'est comme un comédien qui ne monte jamais sur scène : c'est louche pour le public, frustrant pour l'artiste. Dans le cadre de la promo de l'album, on me demandait de chanter à l'occasion pour des émissions télévisées, mais jamais seulement pour les spectateurs. À la longue, je craignais que le public finisse par voir en moi une créature virtuelle, un personnage de la jet-set menant une vie de paillettes derrière le petit écran, dans une réalité inaccessible au commun des mortels.

En dépit de l'absence de scène, ma notoriété culminait cette année-là, et j'avais le sentiment que toutes les portes m'étaient ouvertes. Les opportunités pleuvaient et je me frayais une place au sein des cercles les plus impénétrables. J'ai notamment eu la chance de composer avec les 3T, les neveux de Michael Jackson. Ces mini-Michael, qui cartonnaient à l'époque, ont séjourné un mois chez moi et m'ont fait profiter de leur belle énergie. Ils portaient des T-shirts à l'effigie de leur oncle qu'ils adulaient, et savaient créer une ambiance chaleureuse partout où ils allaient. Ils ont chanté avec moi dans plusieurs émissions télévisées, parfois en direct, ce qui constituait des moments très forts. Notre performance la plus folle eut lieu à Bercy, où se tournait une émission du *Dance Machine* qui apparaît dans le film *Bouge !* Les 3T s'étaient déguisés en filles et m'accompagnaient comme choristes. Ce moment fut mémorable, incroyablement intense, même si plus tard, ils ont subi les reproches de leur père, Tito, le frère de Michael Jackson, qui n'avait pas apprécié leur déguisement.

Plus tard, alors que je vivais à Los Angeles, nous nous sommes retrouvés dans la vallée pour une journée de travail très détendue et productive : nous avons enregistré trois morceaux jamais commercialisés, dont seuls deux subsistent aujourd'hui.

Depuis plusieurs années, j'étais invitée aux dîners qu'organisait Eddie Barclay, l'homme que je considère comme mon parrain dans la profession. Ces agapes ne duraient jamais moins de six heures, au cours desquelles défilaient des dizaines de plats, et réunissaient des grands noms de la scène culturelle : l'acteur Jean Lefebvre, Stéphane Collaro, Johnny, le grand Quincy Jones (mon deuxième parrain, alter ego et meilleur ami d'Eddie Barclay) et une foule de personnalités du cinéma, de la télévision et de la scène musicale. J'étais beaucoup plus jeune et inexpérimentée qu'eux, mais leur joyeuse compagnie m'inspirait, me donnait le sentiment de faire partie du club, d'être appréciée par des gens qui comptaient. La percée de mon album me donnait une légitimité supplémentaire, celle de la reconnaissance du public, même si j'aurais encore longtemps le syndrome de l'imposteur. Celui-ci a persisté tant que le regard des autres était important pour moi, c'est-à-dire pendant un bon moment !

C'est peu dire que rien ne m'avait préparée à gérer cette tornade. J'étais naïve, à cause de mon tempérament optimiste et ouvert, mais surtout à cause de ma jeunesse. J'ai rapidement appris que j'avais intérêt à garder mon radar actif pour débusquer les fréquentations toxiques. Mais je n'ai pas toujours réussi à le faire.

Bien sûr, j'étais responsable de mes actes, mais l'influence de mon entourage a joué un rôle primordial dans cette période charnière. À partir d'un certain degré d'exposition, les gens viennent naturellement à vous, par sympathie, fascination ou intérêt (souvent), et ces marques d'attention sont grisantes. Mais, même avec les meilleures intentions, ils peuvent vous entraîner dans des spirales néfastes, à coups de bouteilles offertes ou de carburant illicite.

Parmi les rencontres, je compte heureusement beaucoup de bonnes surprises. À l'occasion des World Music Awards à Monaco, j'ai fait la connaissance du prince Albert par l'intermédiaire d'amis communs. J'étais dans une période très Betty Boop, avec robes, boucles blondes, strass, bijoux et talons-échasses. Je me suis tout de suite bien entendue avec cet homme plein d'humour et à l'esprit vif.

En général, ma désinvolture plaît aux têtes couronnées, qui ont l'habitude de côtoyer des gens intimidés ou obséquieux. Je n'ai jamais été l'une de ces petites filles droguées à Disney, ou qui collectionnent les posters de Lady Di et de Romy Schneider en Sissi. Pourquoi se sentir impressionné par un titre qui, pour l'essentiel, vous donne le droit de vous asseoir deux rangs derrière la reine Élisabeth pendant la messe ? Non, j'ai toujours agi avec beaucoup de naturel auprès de ces créatures à sang bleu, n'hésitant pas à les provoquer gentiment pour briser la glace qu'ils répandent malgré eux.

Un jour, ma mère reçut une proposition du Palais de Monaco. Albert me demandait en mariage ! J'en suis tombée de ma chaise. Nous nous étions revus quelques fois à Paris, en tout bien tout honneur, mais rien dans nos innocents dîners n'indiquait qu'il allait m'offrir la moitié de sa couronne.

Sous nos yeux ébahis, le fax du bureau de ma mère s'est mis à déverser un rouleau de paperasse interminable contenant les termes du contrat de mariage. J'aurais préféré une bague, mais bon, il fallait lui reconnaître l'effet de surprise. Le Palais (pas Albert) me proposait un mariage princier en bonne et due forme, moyennant cinq représentations publiques par an et une liberté négociée : mes quartiers au palais, mon propre appartement à Monaco, la possibilité de continuer ma carrière, et tout le tralala.

Ma mère est devenue folle quand j'ai refusé. Elle m'aurait vendue à n'importe quel prince pour assurer mon avenir et le sien. Mais je n'étais pas amoureuse, et Albert et moi n'avions rien échangé de plus intime que des plaisanteries et des fous rires. J'avais ma vie devant moi, j'étais trop jeune pour me marier et je ne voulais pas me retrouver prise dans un carcan dynastique d'un autre temps. Le conte de fées s'arrêtait là.

À défaut de jouer les princesses, j'ai profité de la vie nocturne parisienne. Le soir, je retrouvais mes amis au Palace ou aux Bains Douches, ces clubs prisés où se croisaient des noms connus et des étoiles montantes, le point de rencontre du gratin parisien.

Depuis mon histoire avec Prince, je sortais essentiellement avec des mannequins plus canons les uns que les autres, qui faisaient dans ma vie ce qu'ils savaient faire de mieux : défiler. Lors d'une campagne pour la marque Morgan, j'eus l'opportunité de marcher dans les traces d'une légende. Le shooting était confié à Dominique Issermann, célèbre photographe de mode que j'admirais depuis longtemps, au point de tapisser les murs de ma chambre avec les couvertures de *Elle* qu'elle réalisait chaque semaine. Je lui avais demandé, à moitié en riant, de me trouver un beau mec pour poser avec moi, dans le style de Cameron Alborzian. Ce mannequin était connu pour avoir tourné dans le clip de *Express Yourself* de Madonna, et pour avoir eu une liaison avec cette dernière. Je ne m'attendais pas une seconde à ce que mon vœu se réalise. Et pourtant, quelques jours plus tard, je le rencontrais sur le plateau ! Dominique s'était débrouillée pour le recruter, et s'était bien gardée de me le dire. Le shooting s'est avéré un pur délice, car nous avons passé la journée torse nu dans les bras l'un de l'autre, les yeux dans les yeux, de 8 heures à 18 heures, refaisant sans cesse la même photo, celle de la campagne. Le dernier jour, après le démaquillage, nous sommes allés prendre un verre tous les deux, et une alchimie bien réelle nous a rapprochés. Après nous être côtoyés sagement sur le tournage, nous avions enfin l'occasion de libérer la tension érotique accumulée depuis des jours. Nous ne nous sommes plus quittés pendant des mois. En plus d'être sublime, Cameron était adorable, bien éduqué, drôle et facile à vivre. Il a été mon premier mec vegan. Ensemble, nous nous sommes beaucoup amusés, affichant une complicité manifeste lors de soirées officielles, devant des photographes qui ignoraient notre romance. Il m'a ainsi accompagnée à une cérémonie des World Music Awards, à Monaco, où nous formions un joli couple. Nous sommes restés en très bons termes, comme avec la plupart des hommes avec lesquels j'ai vécu une histoire longue.

Quelques mois à peine après notre rupture, un autre ex de Madonna est entré dans ma vie : Tony Ward, un mannequin à la carrière internationale, ancien Mister Univers, qui avait tourné dans le clip *Justify My Love.* Ce n'est que bien des années plus tard que j'ai pu évoquer ces souvenirs avec Madonna elle-même, dans un hôtel aux Maldives. À force de nous croiser tous les matins au petit déjeuner, nous avons fini par sympathiser en évoquant ces deux hommes qui nous reliaient.

Dans ma vingtaine, j'étais portée par une énergie fabuleuse, inépuisable. En plus de mener de front mes carrières parallèles, je ne négligeais pas ma vie personnelle, car les opportunités de rencontre étaient infinies. Je suis heureuse d'avoir tant travaillé à cet âge-là, car aujourd'hui, je serais bien incapable de tenir ce rythme effréné – je décéderais au bout de deux jours ! Après plusieurs années dans le mannequinat, je fréquentais la crème de la crème, les grands top models du moment : Greg Hanson, Werner Shreyer, Maxwell Sterry, Albert Delègue... Je ne m'habituais toujours pas au succès que je rencontrais auprès des hommes, en total décalage avec l'image que j'avais de moi. Extérieurement, je montrais de l'assurance, je riais tout le temps, je dansais langoureusement, j'étais sexy et j'avais un certain swag. J'avais tous les dehors d'une femme fatale, d'une croqueuse d'hommes, alors qu'en réalité, je découvrais tardivement la séduction, le sexe, la sensualité… Tout était nouveau pour moi. Et pourtant, j'avais l'impression de disposer d'un *full pass* illimité, de pouvoir atteindre tous les hommes que je voulais, et de fait, j'avais des amants dans le monde entier, tous plus beaux, riches et célèbres les uns que les autres. Ce pouvoir démesuré, je l'exerçais avec une certaine innocence, n'y étant pas préparée – mais j'étais pressée de profiter de la vie. Je mesurais la chance incroyable qui m'était donnée, celle de pouvoir réaliser mes rêves, et plus encore.

Jusque-là, je ne cherchais pas de relation sérieuse. Je me contentais de papillonner au gré des rencontres, sans jamais me laisser enfermer dans une histoire. Jusqu'à ce que je rencontre l'homme dont j'allais tomber follement amoureuse.

Aux Bains Douches, je croisais souvent la bande du Ministère A.M.E.R., ces rappeurs français bourrés de talent qui émergeaient tout juste, et dont le style nouveau faisait bouger les lignes : Doc Gynéco, Stomy Bugsy, Passi, et d'autres. C'est auprès d'eux que j'ai rencontré C.

J'avais remarqué ses chansons peu de temps avant, alors que je chantais pour la première fois pour Les Restos du cœur. Ces concerts de reprises avec le collectif des Enfoirés m'avaient fait réaliser l'étendue de mon ignorance en matière de chanson française. Ma culture musicale était à 99 % américaine, elle tenait essentiellement aux artistes révélés par la Motown et à la nouvelle garde que j'avais découverte aux États-Unis. Des classiques français, je ne connaissais que les tubes des années yéyé qu'écoutait ma mère dans mon enfance.

Ces lacunes n'avaient pas échappé à Alain Souchon et, pendant les répétitions, il m'avait conseillé d'étoffer mes connaissances, dans la mesure où je faisais désormais partie du paysage. J'ai aussitôt été conquise par les chansons de C. Alors que je tenais le français pour une langue anti-musicale, j'étais agréablement surprise par la teneur de ses textes, à la fois profonds et mélodieux.

En le rencontrant en chair et en os, ce soir-là, aux Bains Douches, je découvris un homme doux, érudit, à mille lieues du cliché du rappeur des cités. Pour nous deux, ce fut le coup de foudre, version Hollywood. Nous n'avons pas pu nous détacher de toute la soirée, malgré le fait que je sois venue accompagnée, et que l'un de ses amis me drague ouvertement.

Nous nous sommes enfermés dans une bulle d'intimité, indifférents au monde extérieur, tout à notre idylle d'adolescents transis. Je m'imaginais que la force et la pureté de cet amour soudain nous innocentaient, tels Roméo et Juliette ; inutile de préciser que celui avec qui j'étais venue ne voyait pas les choses sous cet angle (que les âmes choquées se rassurent, mon karma sentimental s'est depuis largement vengé).

Je n'avais encore jamais vécu une histoire aussi exaltante, fusionnelle, torturée, auprès d'un homme que je considérais comme mon âme sœur. Même si nos carrières n'étaient pas comparables, nous étions tous les deux des artistes montants, plaçant la création au-dessus de tout. Au début, ce lien renforçait notre complicité, il nous donnait l'impression de lire en l'autre aussi clairement qu'en nous-mêmes (c'est-à-dire assez mal).

Contrairement à Prince, C. était de ma génération et ne se posait pas en mentor. Nos rapports étaient d'égal à égal. Ce n'est pas une garantie de stabilité, loin de là, mais ça m'a appris à tenir un autre rôle dans le couple. En cas de crise, je devenais son roc, celle qui gardait les pieds sur terre et le cap de la relation, dans l'espoir naïf de le sauver de ses démons et de ses insécurités.

Son manager me détestait. Il n'adhérait pas du tout à notre couple et craignait que mon positionnement plus *mainstream* nuise à sa réputation *underground*. Avant d'être avec moi, C. n'apparaissait que rarement dans les médias, et seulement dans des publications pointues comme *Les Inrocks*. Mais, à partir du moment où nous avons été surpris ensemble, le Big Brother de la presse people a braqué son œil sur nous et le pauvre C. s'est pris l'équivalent de cent coups de projecteurs dans les yeux. Lui, le rappeur alternatif à la prose exigeante, reconnu par l'intelligentsia française, se retrouvait désormais chaque semaine dans les pages de *Voici* et *Gala*, réduit à fuir les paparazzi quand il sortait d'une boîte ou d'un restaurant. La presse avait toujours fait de moi une bimbo qui changeait de mec comme de string, et malheureusement cette image a perduré pendant toute la durée de notre relation. Personne n'aurait pu vivre sereinement la déferlante médiatique qui s'est abattue sur nous.

Malgré les turbulences, nous avons tenu bon et nous avons fini par nous installer ensemble à Neuilly. Au bout de quelques années, nous avons même acheté une maison ayant appartenu à Charles Aznavour, en banlieue ouest. Cependant, les moments de bonheur sans nuage étaient réservés aux vacances. Loin de nos vies pleines de tumulte, nous étions délivrés des facteurs de stress habituels et nous pouvions nous consacrer pleinement l'un à l'autre. Mais au retour à Paris, nos rapports en dents de scie reprenaient leur instabilité naturelle.

J'étais pourtant prête à me caser. Je prenais au sérieux cet amour qui m'occupait constamment, et dont je ne pouvais plus me détacher. Aujourd'hui, j'ai conscience d'avoir idéalisé C. À cause de son talent, de sa voix douce et de sa culture, je le mettais sur un piédestal et lui trouvais des excuses quoi qu'il fasse. Les disputes, les mensonges et les accès de colère les plus spectaculaires étaient pardonnés sous prétexte que je vivais avec un artiste. J'aurais fait n'importe quoi pour que notre couple, toujours en sursis, tienne un peu plus longtemps.

Pour partager davantage de moments à deux, j'avais même suivi des cours de cuisine. Je voulais créer une atmosphère douce et chaleureuse à la maison, pour se ressourcer à deux après une journée de travail. Pari raté. Tandis que l'oiseau de nuit s'abîmait les plumes dehors, je restais éveillée jusqu'au petit matin, morte d'inquiétude, à attendre qu'il rentre. C. n'a jamais eu d'horloge interne, malgré les Rolex que je lui offrais, et ne se donnait pas la peine de me rassurer. Lorsqu'il reparaissait enfin, son retard déclenchait immanquablement une dispute épouvantable. Je me rendais ensuite à M6 ou à un tournage de clip, les yeux gonflés de larmes et le moral dans mes UGG.

Il faut être jeune pour vivre ce genre de passion dévorante qui vous ôte tout repos. Mon travail finit par en pâtir. J'étais épuisée nerveusement, j'avais peur, je sentais notre relation sur la sellette. Tout pouvait s'écrouler d'un instant à l'autre. Il pouvait ne jamais rentrer d'une de ses soirées interminables, faire de mauvaises rencontres, avoir un accident, se lasser de moi. En studio ou sur les tournages, j'avais à mon tour des sautes d'humeur, des bouffées d'angoisse, je ne contrôlais plus mon inquiétude. Je me rendais compte que cette relation ne nous réussissait ni à l'un ni à l'autre, mais j'étais incapable d'y mettre un terme, car toujours profondément amoureuse de C. et convaincue de son amour.

Alors que ma vie sentimentale ressemblait à un bolide lancé à toute allure dans le souk de Marrakech, je me raccrochais à mon travail comme à une ancre. Ma carrière musicale et télévisée a poursuivi sa belle trajectoire. Lassée de l'image de princesse dans laquelle on cherchait encore trop souvent à m'enfermer, j'ai opéré un changement de look assez radical : cheveux courts, col roulé, *badass* et androgyne.

Tout est parti d'une coupe ratée, quelques jours avant de tourner le clip de *Shame on U*. J'ai préféré demander au coiffeur de couper mes cheveux martyrisés, sautant sur l'occasion de faire peau neuve.

Quand le tournage commença, ma coupe courte était encore à l'état expérimental et ma styliste n'avait préparé aucune tenue. Nous avons fabriqué à la hâte un casque en aluminium, que je porte au démarrage du clip, et fait du *bodypainting* en guise de costume. Ce tournage en free style dans un décor futuriste a contribué à imposer ma nouvelle image.

Bien sûr, Warner n'a pas du tout apprécié le changement. Que je cherche à incarner une femme moderne et assumée dans le style de Jean Seberg, avec qui on me trouvait parfois des ressemblances, ne collait pas vraiment à leurs projets. J'ai tenu bon, car j'en avais plus qu'assez qu'on me parle dans le décolleté, les yeux dans le soutif, et qu'on se comporte avec moi comme si mon intérêt se limitait à mon physique. J'étais toujours aussi mal à l'aise face aux louanges qu'on faisait sur ma beauté, car pour ma part, je me trouvais quelconque.

En 1997, j'étais à nouveau nommée aux Victoires de la musique, non plus en Révélation mais en Artiste interprète de l'année. Une catégorie qui montrait un changement de perception dans le regard que la profession posait sur moi.

L'année suivante, je sortais mon deuxième album, *Privacy*. Comme le premier, il a été enregistré en anglais et en français, mais dans un style plus pop, à vocation plus internationale, dans la mouvance des chanteuses américaines qui émergeaient à l'époque. D'ailleurs, Christina Aguilera a repris dans son premier album mon titre *Ce que je suis* pour en faire le single *What a Girl Wants*, qui a eu le retentissement qu'on connaît. J'avais initialement prévu de faire de ce titre le dernier single de mon album, mais l'année d'exploitation de cette chanson arrivait à son terme. Je ne me doutais pas que Christina, qui était affiliée à Fun Radio (la concurrente de NRJ, chez qui j'étais), la commercialiserait sitôt l'année écoulée. Ni qu'elle reprendrait *vibe* par *vibe* ma version anglophone. J'étais à la fois irritée de son succès et flattée qu'une voix comme la sienne ait jugé bon de se calquer sur mon travail, appoggiature par appoggiature. Ce fut la première star américaine, avant Janet Jackson et Britney Spears, à reprendre l'un de mes morceaux. De quoi me conforter dans mon instinct musical.

Privacy a rencontré le succès dès sa sortie, notamment grâce aux singles *Elle pleure* et *Je marche à l'envers*. Il est devenu disque d'or en France, et s'est également distingué en Allemagne. À l'époque, personne ne suspectait l'histoire cachée derrière les paroles de *Elle pleure*, le deuxième single. Cette chanson m'avait été inspirée par les souvenirs cauchemardesques associés à mon oncle. Un secret d'enfance que je ne pouvais alors ni formuler ni bien sûr étaler dans la presse, au risque de blesser ma famille et mon oncle, toujours vivant.

Aujourd'hui, alors que nous assistons à une libération de la parole avec le #MeTooInceste, je suis horrifiée de découvrir à quel point ce crime est fréquent, et à quel point il peut gâcher la vie de celles et ceux qui l'ont subi. Si énorme soit le traumatisme, c'est une victoire de plus pour l'agresseur si la victime se laisse dévorer par le secret. La résilience ne peut commencer qu'à partir du moment où l'on reconnaît le problème, où l'on libère sa peine et sa colère. L'enfant que j'étais a très tôt perdu son insouciance du fait de ces abus et d'une activité professionnelle très précoce. Mais je préfère les voir comme des épreuves auxquelles j'ai survécu, un malheur qui m'a obligée à grandir plus vite. Cela n'engage que moi, car bien sûr, chacun gère ses traumatismes comme il peut.

Entre la promo de l'album, les émissions que j'animais et mes projets dans le cinéma, je ne touchais plus terre. J'étais sans cesse dans l'action, dans la planification, entourée de gens, scrutée par la presse. Ce régime de fou était devenu mon quotidien, une norme totalement hors norme, à la fois épuisante et exaltante. Difficilement compatible avec une vie de couple.

Avec C., nous avons rompu une douzaine de fois. Chaque semaine, nous nous disputions en découvrant les histoires scabreuses diffusées sur notre compte ; plus souvent sur le mien. Les paparazzi me traquaient en boîte pour obtenir des clichés compromettants, rêvant de me prendre la main dans le sac, ou plutôt la bouche ventousée à celle d'un beau tentateur. Il suffisait que je parle à l'oreille d'un ami pour qu'une photo incriminante soit publiée, assortie de commentaires perfides.

J'avais toujours la peur au ventre en allant acheter les nouvelles parutions de la semaine, tôt le lundi matin, redoutant de voir à quelle sauce les mercenaires du flash allaient me manger. Je savais que la lecture des articles déclencherait disputes, cris et vol de vaisselle, qu'il me faudrait me justifier, me faire pardonner. Ça ne manquait jamais. Devant une photo accusatrice, C. partait au quart de tour, me faisait une crise, que j'alimentais à mon tour avec des rumeurs d'infidélités. L'un de nous finissait par arracher le cœur de l'autre en rompant avec cris et fracas.

Prenez deux personnes nées sous le signe des Poissons, marquées par une même tendance à se dévaloriser, à idéaliser l'autre et à vouloir le quitter avant qu'il ne vous quitte. Ajoutez-y la vocation artistique, deux carrières dans un milieu intrinsèquement instable, un succès hors contrôle, des tabloïds assoiffés de scandale, et vous aurez un aperçu du chaos sentimental que nous avons vécu. Depuis, j'essaie de ne plus lire ce qui paraît sur moi, sauf quand une situation exceptionnelle l'exige. Je sais que mon avocate veille au grain et que je peux compter sur elle pour défendre mes intérêts.

J'ai vécu avec C. une relation de tous les extrêmes. Il n'y avait pas d'autres modes que la passion fusionnelle ou la trahison shakespearienne, comme si l'amour qui nous unissait était trop sensible pour ce monde. À force de vouloir le faire perdurer à tout prix, nous nous sommes détruits l'un l'autre.

C'est un miracle que notre amour se soit mué en une si belle amitié avec le temps. Je m'en suis tenue à ma règle : rester en bons termes avec les hommes qui ont compté. Aujourd'hui, je considère C. comme l'un de mes amis.

Pendant quelques mois, je nourris le projet de faire carrière aux États-Unis. La Warner m'envoya à Beverly Hills, au Four Seasons, afin de rencontrer les producteurs de musique les plus réputés, ceux qui accompagnaient les grands *hit makers* du moment, tels que Babyface. Mais aussi les grands agents de stars, et producteurs de films et de séries.

J'ai ainsi rencontré John McTiernan, le réalisateur de *Piège de cristal*, dans des circonstances incroyables. Il préparait alors un nouveau film, *Rollerball*, dans lequel il était question que je joue. Lorsque j'arrivai au Canada, on m'apprit que McTiernan se trouvait dans une clinique auprès de sa femme, qui était en train d'accoucher. Plus surprenant, on insista pour que je m'y rende ! J'ai donc attendu dans la salle d'attente de cette clinique, une heure, puis deux, puis trois. Au moment où j'allais partir, je le vois arriver en courant, surexcité. Nous avons parlé cinq minutes entre deux contractions, et il m'a accordé le rôle, avant de repartir précipitamment. Je n'ai finalement pas donné suite à ce projet, pour des questions de planning : le film a été décalé et j'avais d'autres engagements qui ne me permettaient pas d'assurer pour l'entraînement intensif à Calgary que demandait le rôle.

En quelques semaines, j'eus l'occasion d'entrevoir le droit de cuissage qui régnait à Hollywood. À l'issue d'un entretien, un producteur qui avait pignon sur rue me proposa de passer prendre un verre chez lui : « *My wife is gone for the night*[1] ». Je m'en suis

1. « Ma femme est absente ce soir. »

dispensée. Mon expérience la plus sordide fut sans doute mon rendez-vous avec Michael Ovitz, un agent très en vue cette année-là, puisqu'il avait pour unique client un certain Leonardo DiCaprio tout juste débarqué du *Titanic*. Le rencontrer relevait de l'exploit, mais j'avais bénéficié de l'aide de l'un de mes amis, CEO de Capital Record, qui m'avait mise en relation avec plusieurs personnalités réputées intouchables de Los Angeles. J'étais donc venue apporter à Ovitz mes disques, mes VHS de concerts et mes dossiers de presse. J'avais opté pour un look assez simple, épuré, mettant en avant ma *French touch*, car je ne voulais pas qu'il me prenne pour une bimbo sans autre intérêt que son physique. L'agent regarda mon travail, puis décréta qu'il me fallait faire deux choses si je voulais percer. La première : améliorer mon anglais (je parlais encore le slang de Prince). La deuxième : « passer sous la table ». C'était direct, cru, sans ambiguïté. Après m'être assurée que j'avais bien compris, je m'excusai en prétextant aller aux toilettes, et m'échappai aussitôt du bâtiment, abandonnant sur place tous mes disques et cassettes.

Ces mésaventures m'ont profondément choquée. Même en étant accompagnée et soutenue par des gens du milieu, en ayant des amis installés, comme c'était mon cas, je n'étais pas épargnée par ces pratiques scandaleuses. Je n'osais imaginer ce que devaient traverser les actrices inconnues et livrées à elles-mêmes qui courent les castings. Dégoûtée, je suis partie de L.A. au bout de quelques mois. Je m'apercevrais plus tard que le milieu du cinéma français n'était pas moins sordide, puisque des producteurs bien de chez nous m'ont fait subir le même genre de pression – un rôle contre des faveurs sexuelles – en me citant des noms d'actrices qui avaient cédé. Des années plus tard, la vague de dénonciation #Balancetonporc n'a fait que confirmer ce que j'avais vu et expérimenté en personne.

En 2000, mon travail d'animatrice me rattrapait. Après avoir animé plusieurs émissions sur M6, je collaborais avec TF1 pour présenter la toute première édition des NRJ Music Awards. Celle-ci avait lieu à Cannes, en prime, et rassemblait quelques-uns des artistes les plus populaires de l'année : Whitney Houston, Mariah Carey, Mylène Farmer, Will Smith, Tina Turner, Bono, et beaucoup d'autres que j'ai pu rencontrer à cette occasion.

Dans le *Ophélie Winter Show*, diffusé quelques semaines plus tard, j'ai eu à mon tour l'opportunité de mettre en avant des artistes qui me tenaient à cœur. À l'origine, le projet n'avait rien à voir avec ce qu'il est devenu : je souhaitais produire, comme beaucoup avant et après moi, une version française du *Saturday Night Live*, cette célèbre émission de *stand-up* qui a lancé beaucoup d'humoristes américains, et qu'on a souvent essayé sans succès de transposer en France.

Le public américain a depuis longtemps érigé le stand-up en institution. Ses attentes n'ont donc rien à voir avec celles du public plus conservateur de la télévision française. Les humoristes new-yorkais ont popularisé un art du one-man-show très pointu, et c'était un sacré pari de vouloir adapter le concept en France, le temps d'un *one shot*.

À cette époque, je fréquentais des humoristes débutants dont les noms deviendraient plus tard incontournables : Jamel Debbouze, Kad Merad, Omar et Fred… J'avais rencontré Jamel aux Bains Douches. Il animait alors une émission sur Canal+ et commençait à jouer dans des films. Très vite, sa bonne humeur et sa gouaille le firent passer de vaguement casse-pieds à très sympathique, et nous sommes devenus copains. Jamel m'a présentée à sa clique d'humoristes et de comédiens pleins de talent, le genre d'artistes précurseurs à qui il ne manquait qu'un pont médiatique vers le grand public.

Je voulais faire une coproduction entre Double You, ma boîte de production, et TF1 afin de mettre en avant cette nouvelle vague de *stand-uppers* VF, qui nous changeaient des humoristes *made in* camembert. Dès le départ, les échanges ont été compliqués avec TF1, car le producteur, Gérard Louvin, n'avait pas la même vision du projet. Selon lui, ma sélection risquait de heurter la délicate pupille du spectateur TF1, habitué à une certaine homogénéité ethnique. L'argument me rendait folle. Le talent novateur et l'énergie de mes humoristes étaient foulés aux pieds parce qu'ils étaient trop beurs ou trop noirs. Pour Louvin, il fallait donner au public ce qu'il connaissait déjà, de la valeur sûre, rassurante. C'était d'autant plus absurde qu'aujourd'hui tous ces artistes sont devenus célèbres et attirent un public fou.

Autre point de discorde : j'étais très réticente à l'idée d'accoler mon nom à celui du spectacle. Pour TF1, c'était un moyen d'attirer le public de M6, et ma mère m'y poussait sous prétexte d'asseoir ma notoriété. Je trouvais ça ringard et sans aucun rapport avec ma référence, le *Saturday Night Live*. J'ai cédé sur certains points, tenu bon sur d'autres, et accueilli plusieurs propositions intéressantes. J'ai tout de même réussi à placer quelques intervenants qui me tenaient à cœur, comme Kad Merad, que j'ai discrètement envoyé chercher le jour du tournage, à l'insu de Gérard Louvin.

Finalement, l'événement a pris des proportions totalement démesurées par rapport au projet que j'avais imaginé. Il incluait certes des humoristes, mais aussi des chanteurs *mainstream* imposés par TF1, un Michel Galabru en directeur d'école – j'étais aux anges, c'était l'idole de mon enfance –, une troupe de danseurs indiens et un éléphant. Oui, vous avez bien lu.

Quand on a amené Dumbo sur le plateau, il a trouvé la façon la plus efficace de rappeler aux idiots que nous étions qu'il n'était pas un élément de décor et n'avait rien à faire là. En quelques minutes, il a échappé à tout contrôle et déféqué partout où il pouvait. Puis, se trouvant bien, il a refusé de quitter les lieux. Toute une journée de travail a ainsi été perdue et le retard s'est accumulé, intensifiant la pression déjà énorme qui pesait sur l'équipe. Lorsque Dumbo s'est décidé à lever le camp, nous avons repris le tournage en accéléré pour tout boucler en un temps record.

J'avais une fois de plus engagé mon frère sur le tournage, mais également des copines de Neuilly, qui m'avaient demandé du travail. Visiblement, elles estimaient que la télévision ne nécessitait pas de vraies compétences et s'apprenait sur le tas, comme le baby-sitting ou la vente de calendriers. Elles sont arrivées avec des heures de retard, pensant se poser tranquillement en régie avec une clope. Elles ont rapidement compris leur erreur. Très vite, elles ont été dépassées par leurs tâches.

Toutes ces tuiles n'étaient rien face à la mauvaise nouvelle qui me parvenait d'Amsterdam. L'état de mon grand-père s'était dégradé, et j'avais peu de temps devant moi si je voulais le revoir. Après des négociations ardues avec la production, j'ai pu faire l'aller-retour pour les Pays-Bas en partant de nuit. C'est à cette occasion que mon grand-père m'a raconté l'histoire familiale que j'évoquais plus tôt. Si je n'avais pas fait ce voyage, j'aurais sans doute voué toute ma vie une rancune tenace à mon père. Je suis revenue attristée de son état, mais aussi délestée d'un fardeau qui m'avait longtemps pesé.

Tant bien que mal, l'émission a pu être bouclée, et le résultat était à la hauteur de nos efforts, malgré ce tournage cauchemardesque. Elle a été pour moi l'occasion de rencontrer des artistes adorables qui m'avaient pourtant été imposés, comme Les Rita Mitsouko ou Axelle Red, avec qui j'ai partagé de nombreux fous rires. Le produit fini était loin de l'idée de départ mais, quelques années plus tard, la télévision s'ouvrirait pour de bon à la scène de *stand-up*, grâce au Jamel Comedy Club.

Ces projets télévisés ne m'avaient pas fait perdre le cap de la musique et, dès que j'ai pu, je me suis attelée à la conception de mon troisième album, *Explicit Lyrics.* Je suis revenue à un son plus R'n'B, moins pop que le précédent, un retour aux sources musicales. Comme les autres, il était enregistré en anglais puis en français. Plusieurs figures du rap, du R'n'B et de la soul ont collaboré à cet album, dont Doudou Masta, Sulee B Wax et Wallen.

Pour gagner en légitimité sur ce créneau, je voulais rester fidèle à mon identité musicale, plus proche de la soul que de la variété. La plupart des chansons ont été composées et écrites avec Wayne Beckford, un compositeur très talentueux d'origine jamaïcaine, qui a travaillé avec Rihanna, les Black Eyed Peas ou Akon. La seule personne capable de décoder la façon dont je modulais ma voix.

Nous avons réalisé l'album en un temps record dans un studio très *roots* du 19e arrondissement, qui sentait la clope et le vieux rocker. J'enregistrais des dizaines de voix de chorus, les chœurs, les contre-chants, les *cross-chorus*… J'avais l'impression d'être un personnage de dessin animé qui se démultipliait à l'écran pour endosser tous les rôles. Luca Minchillo, mon directeur artistique, nous apportait son oreille extérieure pour faire le tri entre les dizaines de pistes enregistrées, tout en nous poussant pour tenir les délais. Boucler l'album a été une véritable prouesse, et j'étais très fière du résultat.

La production m'a tout de même rappelé la nécessité de ne pas me déconnecter du public, qui pouvait être dérouté par ce son nouveau et très urbain. La plupart des paroles étaient traduites en français, et pour réaliser le clip de *Sache,* le single le plus populaire de l'album, nous avons fait appel à Louis Leterrier et Gérard Depardieu. À moins d'insérer *La Marseillaise* en titre bonus, on pouvait difficilement faire plus français.

À son lancement, *Sache* a obtenu un beau succès et s'est classé directement en sixième position dans le Top 50, où il est resté dix-sept semaines. Mais la promo a été brutalement interrompue par un drame. Alors que j'étais sur la route, à Saint-Tropez, j'ai reçu un appel. Yann-Philippe Blanc, le P-DG de ma maison de disques, un homme qui était devenu pour moi un véritable ami, venait de se tuer dans un accident de moto.

Je me suis rangée sur le bas-côté, en état de choc, et j'ai pleuré toutes les larmes de mon corps. Yann-Philippe était quelqu'un pour qui j'avais beaucoup d'estime, l'un des rares patrons de maison de disques qui ne venait pas de chez Kinder ou Lactel, et qui était réellement passionné par la musique. Je perdais deux personnes. L'ami, et le collaborateur. J'étais terrassée.

Après son décès, je n'ai plus eu le cœur à assurer la promo de l'album. J'ai reçu cette mort comme un signal d'arrêt, qui faisait écho à la lassitude qui commençait à me gagner. Je venais pourtant de réaliser mon meilleur album, mais la foi n'était plus là.

Sans promo, nous n'avons pas obtenu le succès espéré. J'avais de plus en plus le sentiment de passer à côté de mon public, qu'un malentendu originel détournait les adeptes de musique urbaine, qui verraient toujours en moi une présentatrice M6 et non une des leurs. Je comprenais mieux pourquoi Laurence Aupetit et son mari étaient réticents à l'idée de me laisser poursuivre deux carrières, dont les cibles ne se rejoignaient pas nécessairement.

Depuis quelques années, une nouvelle voie s'était dessinée pour moi. La dernière étape de mon plan quinquennal. Au risque d'aggraver mon procès en éparpillement, j'avais réussi à me faire une place dans l'industrie du cinéma.

6

« Prends-lui la main. »

Sur la directive de Claude Lelouch, Bernard Tapie me saisit la main. Nous étions tous les deux à l'avant d'une voiture, et notre réalisateur, posté sur la banquette arrière, nous dictait le cours de l'action.

« Regarde-la dans les yeux. »

Bernard posa sur moi un regard intense, tandis que je m'efforçais de ne pas lâcher un rire nerveux. Nous avions tous deux lu le scénario, mais aucune réplique n'était écrite d'avance. Moyennant quoi, même nous, les acteurs, étions tenus au suspense. Il faisait chaud, j'attendais la suite. J'entendis une mouche voler. Un diable passa.

« Et maintenant, reprit Lelouch, tu l'attrapes et tu lui roules un gros patin ! »

Un quoi ?! Sans se faire prier, Bernard fondit sur moi et plaqua ses lèvres contre les miennes. Je n'eus pas le temps de demander d'où sortait ce baiser surprise, qui ne figurait nulle part dans le script. Prise de court, j'ai dû faire face. C'était mon premier film, et je ne voulais pas d'emblée passer pour une fille chiante ou non professionnelle ; même si, à dire vrai, je ne savais pas encore faire un vrai baiser de cinéma. Pendant ce qui m'a semblé des heures, nous avons joué et rejoué cette scène jusqu'à manquer de salive, la caméra braquée au niveau de nos bouches. Heureusement, Bernard embrassait très bien. C'est d'ailleurs ce jour-là que je suis tombée sous son charme. J'étais éprise comme on peut l'être à vingt-deux ans : je rêvais de lui toutes les nuits, le mettais sur un piédestal, sans jamais oser le lui avouer. Car je respectais l'amour et la loyauté qu'il témoignait à sa femme, un comportement rare dans le milieu.

La photo de ce baiser est parue dans *Voici*, juste avant la sortie du film. La scène avait pourtant disparu au montage mais, grâce à ce cliché, la promo de *Hommes, femmes : mode d'emploi* était assurée. Bienvenue dans le métier d'actrice !

J'étais entrée dans le milieu du cinéma en faisant un vœu. C'était l'époque où mon génie personnel exauçait tout ce que je demandais : mes envies de sucré, de mec ou de carrière. Cela faisait quelque temps que je voulais m'essayer à la comédie, alors, profitant d'une interview, j'ai lancé le nom dont tout le monde parlait à ce moment-là : j'ai dit que je voulais faire un film avec Claude Lelouch. Quelques jours plus tard, Babette, son assistante, a appelé ma mère pour lui proposer une rencontre.

J'ai passé un casting avec Antoine Duléry, qui jouait lui aussi dans le film, et j'ai été prise. À cause de l'absence de texte écrit, cette première expérience n'était pas tout à fait standard ; cela faisait d'ailleurs rager Pierre Arditi, grand homme de théâtre habitué à travailler ses personnages sur la base de leurs répliques.

Je ne savais rien du métier d'actrice, mais je connaissais bien l'ambiance des tournages d'équipe, la discipline qu'il faut avoir pour enchaîner les prises, la coopération indispensable avec des techniciens pointus dont on ne comprend pas toujours le jargon.

Étant la pièce rapportée du casting, la présentatrice-chanteuse qui s'essayait au cinéma, je savais qu'on m'attendait au tournant. Je m'exposais au scepticisme de l'équipe, voire pire, à une présomption d'incompétence pour cause de boucles blondes. Ma hantise était que ma réputation tienne les autres à distance et qu'on ne me prenne pas au sérieux. J'abordai donc l'expérience avec humilité et, très vite, je me fondis dans le groupe et nouai des bonnes relations avec chacun.

Travailler au côté de pointures comme Fabrice Luchini et Pierre Arditi, de personnalités charismatiques comme Bernard Tapie, en étant dirigée par un réalisateur de renom, m'a donné confiance. Jouer me semblait plus accessible que je ne l'imaginais, un métier comme les autres, qu'on a tendance à idéaliser. Plus tard, j'ai compris que la difficulté tenait davantage à supporter pendant des semaines les longues heures d'attente, l'ambiance d'un mauvais tournage ou le stress contagieux du metteur en scène ; mais, pour ce film, tout s'est déroulé pour le mieux. Malgré le bizutage de la scène de la voiture, ce coup d'essai m'a rendue amoureuse de Bernard Tapie et du septième art.

La même année, je signai avec Christian Fechner, un producteur que j'adorais, l'un des derniers dinosaures du cinéma. C'était un producteur à l'ancienne, très classe, de ceux qui conduisent des Rolls et fument des cigares. Il proposait toujours des contrats pour trois films, et notre première collaboration me fit découvrir un genre très différent du style Lelouch. Il s'agissait de *Tout doit disparaître*, une comédie loufoque et cynique réunissant Didier Bourdon, Yolande Moreau et Élie Semoun.

Ce film m'a offert quelques-uns de mes meilleurs souvenirs de tournage. Élie Semoun avait l'œil taquin, la vanne impulsive, et toujours une repartie en stock. Travailler avec lui relevait pour moi de la prouesse. Nous étions toujours pliés de rire, et nous avons eu un mal fou à boucler nos scènes ensemble.

Je me souviens d'un plan dans lequel il devait entrer dans la pièce et dire : « Tu es prête, mon oiseau ? » Cette phrase ne passait pas. Soit il riait en la disant, soit je riais en l'entendant, mais impossible de rester stoïques. La particularité d'Élie, c'est que, même quand il s'efforce d'être sérieux, la vanne qu'il a en tête s'affiche au fond de ses yeux comme une notification Facebook, ce qui déclenche des rires anticipés. Ce jour-là, ce regard m'a fait perdre mes moyens, et les prises se multipliaient sans succès. Lassée de ce *running gag* qui commençait à retarder le tournage, l'équipe a fini par quitter le plateau en nous laissant seuls, les larmes aux yeux et les zygomatiques en feu. Évidemment, c'est le jour que *Studio Magazine* avait choisi pour faire un reportage sur le film. Leurs journalistes ont trouvé un plateau vide, déserté par les techniciens ! Élie et moi nous sommes fait taper sur les doigts, mais ces moments-là ont soudé notre complicité. Nous avons par la suite développé une belle amitié, faite de fous rires et de bouffonnerie.

Pour clore mon contrat avec M6 Interaction plus rapidement, j'avais accepté de jouer dans *Bouge !*, un film de Jérôme Cornuau. Lorsque j'avais signé, je n'avais pas lu l'intégralité du scénario, à cause de mon agenda de ministre. Je me retrouvais donc sur le tournage sans m'être vraiment préparée, ce qui est assez palpable à l'écran, bien que j'incarne mon propre rôle. Je donnais la réplique à Sami Naceri et Édouard Montoute, des artistes encore *underground* en 1996, ainsi qu'à Bernard Le Coq, dont j'étais secrètement éprise – pendant deux semaines. Vous l'avez compris, je tombais facilement amoureuse, c'est mon côté fleur bleue.

Je me suis rendue à Cannes cette année-là pour soutenir le film et, surtout, pour prendre des rendez-vous professionnels déterminants pour la suite de ma carrière. En arrivant, j'eus la surprise de me voir en couverture de *Variety*, qui consacrait sa une et un article à *Bouge !* J'étais à la fois flattée et un peu gênée, car je n'étais pas la tête d'affiche. Mon rôle était secondaire : je n'avais fait que quelques jours de tournage. Mon agent était fou de joie, car c'était un coup de projecteur incroyable qu'on m'offrait, en plein festival de Cannes. Après cette publication, j'ai pu me présenter à mes rendez-vous la tête haute, forte d'une marque de reconnaissance précieuse. Ma carrière était lancée.

À partir de ce moment, les projets se sont enchaînés, dans des genres variés me permettant de tester différents registres. Je jouais généralement la femme tentatrice, convoitée ou vénéneuse, à quelques exceptions près. En 1998, je fus engagée dans *Folle d'elle*, une comédie dans laquelle un hétéro se fait passer pour gay pour pouvoir devenir mon colocataire ; une sorte de *Cage aux folles* inversée. Je devais incarner une femme en plein divorce, à la fois consternée et attendrie par ce nouvel ami si expansif ; le genre de scénario qui passerait très mal aujourd'hui.

En réalité, je n'avais aucune envie de participer à ce film. L'histoire ne me parlait pas, j'étais prise par mille projets qui canalisaient mon attention et mon énergie. Mais ma mère insistait pour que j'accepte ce rôle. Pour m'y soustraire, j'ai joué la carte diva en exigeant des changements ahurissants. Alors que le tournage était initialement prévu à Toulouse (certes ville rose, mais pas vraiment le spot incontournable de la scène gay des années 1990), j'ai demandé à ce qu'il soit déplacé à Los Angeles. J'ai également réclamé qu'on engage le réalisateur Jérôme Cornuau, avec qui j'avais travaillé dans l'émission *Dance Machine*, et dans *Bouge !*, mon film précédent. J'étais certaine que les producteurs hurleraient de rire en entendant mes exigences, qu'ils m'enverraient balader et se tourneraient vers une actrice plus raisonnable. J'avais tort.

Ils ont tout accepté. Los Angeles, Jérôme. Ce tournage m'a permis de mesurer l'influence que j'avais à cette époque : pour mettre mon nom à l'affiche, la production était prête à toutes les concessions.

Récemment, Gilles Lellouche m'a rappelé avec malice l'accueil que je lui avais réservé à L.A., alors qu'il venait tout juste d'atterrir en Californie pour jouer dans le film. Le producteur l'a introduit dans ma loge pour nous présenter : « Voilà Gilles, il va jouer ton mari. » J'ai aussitôt répliqué : « Ah non, je ne veux pas de lui. Il est trop moche ! » Le pauvre Gilles a aussitôt repris un avion pour la France. Heureusement, il est revenu trois semaines plus tard pour prendre part au film et nos relations se sont vite détendues. Depuis, nous sommes devenus amis et je lui suis reconnaissante de ne pas s'être laissé décourager par ces présentations acerbes !

Comme pour le mannequinat et la musique, j'ai rapidement envisagé une carrière au-delà de l'Hexagone. Le tournage suivant m'emmena à Munich, Trois-Rivières (au Québec) et à nouveau Los Angeles. Je jouais pour la première fois dans une grosse production internationale, qui assumait son kitsch et son esprit gaguesque : *Y a-t-il un flic pour sauver l'humanité ?*, écrit et interprété par l'inimitable Leslie Nielsen.

Leslie était l'une des figures culte de mon enfance. Mon frère et moi avions visionné des centaines de fois *Y a-t-il un pilote dans l'avion ?* et *Y a-t-il un flic pour sauver la reine ?*, qui figuraient dans notre top des comédies retransmises à Noël aux côtés du *Père Noël est une ordure,* versant français. Donner la réplique au lieutenant Frank Drebin était littéralement un rêve de gosse. La production était pour partie canadienne, italienne et allemande, et chaque nationalité avait sa « star ». Quand on m'a proposé un rôle dans ce film, j'ai sauté sur l'occasion. Je prenais la place de Priscilla Presley, qui donnait la réplique à Leslie dans les opus précédents, ce qui était un grand honneur.

À soixante-quatorze ans, Leslie restait un vrai gamin. Spontané, malicieux, adepte des farces et attrapes, il se distinguait par sa bonne humeur inébranlable qui lui valait l'affection de tous. Sur le plateau, il courait partout, rayonnant comme un jeune premier, comme si le tournage lui-même était une comédie *starring Leslie Nielsen.* Entre les prises, la personne qui s'asseyait à côté de lui avait droit aux bruitages de sa machine à pet qu'il emportait partout, ainsi qu'aux rires des spectateurs. Malgré son âge, il avait tenu à réaliser ses propres cascades, et s'était brisé le nez dès les premières prises. Cinq jours d'arrêt. Je l'adorais.

Malheureusement, il était meilleur acteur que scénariste et, très vite, il devint évident pour nous que le film ne fonctionnait pas : le texte n'était pas assez drôle, le tournage décousu, si bien que peu à peu chacun a perdu foi dans ce projet. Au fil des jours, nous prenions conscience que nous étions en train de consacrer des mois de travail à la réalisation d'un four. À Trois-Rivières, une atmosphère pestilentielle régnait sur le tournage situé à proximité d'une usine très odorante, ce qui rendait notre travail éprouvant. Excédés, les acteurs italiens et allemands se démobilisaient, quittaient les lieux pendant une semaine, ce qui prolongeait d'autant cette production déjà interminable, qui s'est étalée sur plus de trois mois. À défaut de convaincre les distributeurs, le film est sorti directement en DVD. Malgré l'échec, j'étais tout de même contente d'avoir réalisé un rêve d'enfant.

Peu de temps après sa sortie, j'eus la surprise de recevoir un appel de mon père des États-Unis. En temps normal, il ne prenait jamais de mes nouvelles, ne me téléphonait pas. Sauf une fois, lorsqu'il avait eu vent de ma relation avec Prince, pour m'inviter à venir le voir à Boston « avec mon ami » ; j'avais décliné cette proposition intéressée, d'autant que Prince avait évidemment autre chose à faire. Cette fois, il m'appelait pour me livrer ses impressions : « J'ai loué ton film. *It's such a piece of shit*. C'est vraiment de la merde. » Il ne s'inquiétait jamais de savoir comment j'allais, mais il avait jugé important de me faire part de cet avis éclairé. Il m'a fallu beaucoup de temps pour me remettre de cet appel.

À Paris, je me sentais très proche des comédiens et des humoristes, qui constituaient l'essentiel de mon entourage à cette époque. Depuis que j'avais rencontré Jamel, nous étions toujours fourrés ensemble. Lors de soirées chez lui, ou aux incontournables Bains Douches, j'avais fait la connaissance d'Éric et Ramzy, de JoeyStarr, de Gérard Darmon, et de toute la bande de Canal+. Nous passions des soirées mémorables à rire, à danser et à faire des *battles* de *punchlines*.

C'est comme ça que j'ai rencontré A. Contrairement à nous tous, il était calme, presque timide, et sa douceur m'a touchée. Grâce à lui, j'ai participé plusieurs fois à une émission humoristique qu'il animait avec succès. Puis j'ai demandé à Jamel de faire l'entremetteur, et nous avons dîné ensemble au Costes. Je travaillais alors en studio sur mon troisième album. Pour me déclarer, je lui avais offert pour son anniversaire une chanson d'amour enregistrée spécialement pour lui, *Something*. Ce n'était pas tout à fait vrai, il s'agissait d'une chanson prévue en *bonus track*, mais en amour tous les moyens sont bons pour avouer ses sentiments. L'important, c'est qu'il a compris, et saisi la perche.

Nous avons passé les jours suivants collés l'un à l'autre, émerveillés de nous être trouvés, comme des ados insupportables se roulant des pelles à longueur de journée, en privé comme en public. Infréquentables.

Comme le nouvel appartement qu'il avait acquis à la suite de son divorce n'était pas encore bien aménagé, il passait une grande partie de son temps chez moi, dans mon hôtel particulier de Neuilly. J'adorais ses enfants, et A. était dingue d'eux. C'était la première fois que j'étais mise dans une situation familiale où j'incarnais l'adulte, au côté d'un papa qui assurait. C'était déroutant, car j'étais encore très jeune et je n'avais pas en tête ce genre de responsabilités, mais c'était aussi une belle expérience, car je percevais le plaisir qu'il pouvait y avoir à former une famille fonctionnelle et bienveillante, à être là pour ses enfants, à répondre à leur besoin d'attention. Quelque chose qui m'était plutôt étranger.

Côté *acting*, j'améliorais ma technique au fil des tournages. Lors de mon premier film, Julien, un coach vocal, m'avait donné ce conseil cryptique : « Tu parles en haut. Parle avec ta vraie voix. Ta voix basse, posée. » Julien était également le coach d'Adjani. Passer d'Adjani à Winter, belle performance ! Je ne le remercierai jamais assez, car grâce à ses conseils, j'ai peu à peu réussi à jouer normalement. J'ai compris ce qu'il voulait dire en me forçant à m'écouter, et au moment des *Jolies Choses* j'ai enfin réussi à lutter contre cette tendance. J'avais trouvé ma vraie voix.

C'était le premier long-métrage de Gilles Paquet-Brenner, un jeune réalisateur de mon âge, qui se lançait dans l'adaptation du roman éponyme de Virginie Despentes. Gilles se ferait ensuite connaître du grand public avec *Gomez et Tavarès,* sorti deux ans plus tard.

Les mois précédant le tournage, tout le milieu parisien ne parlait que de ce film singulier et sulfureux. Marion Cotillard, alors peu connue, en était la tête d'affiche : elle interprétait avec talent des sœurs jumelles radicalement opposées, prestation qui lui valut d'être nommée pour le César du meilleur espoir féminin. Au moment des auditions, le réalisateur m'avait parlé d'un rôle sordide mais fascinant, très éloigné de ce que je jouais habituellement : celui d'une femme dépravée et cynique, prête à entraîner Marion dans les abysses. Rien qu'à la description de Jessica, je pouvais imaginer comment j'allais l'incarner, me tenir, comment je me maquillerais, quelles attitudes j'adopterais. C'était la première fois qu'un rôle s'imposait à moi avec une telle évidence. Hors de question de le laisser passer. J'ai harcelé Gilles pendant des jours et des jours, je l'ai supplié, relancé, amadoué, jusqu'à ce qu'il me l'accorde. Il l'a fait à la condition d'effacer les derniers tics de prononciation qui me restaient : monter la voix à la fin de mes phrases. J'étais dès lors embarquée dans l'aventure. Je suis fière d'avoir insisté pour obtenir ce rôle, car Jessica reste le personnage le plus nourrissant que j'aie joué au cours de ma carrière.

Au sein de cette équipe à taille humaine, rassemblant des acteurs jeunes, pour la plupart inconnus, *underground,* je me sentais à ma place. L'ambiance était très agréable, et je me suis tout de suite bien entendue avec Marion, Stomy Bugsy, mais aussi Patrick Bruel, qui se comportait avec nous d'égal à égal malgré sa carrière bien établie. Sur ce plateau, pas de hiérarchie : chacun avait été choisi par Gilles, chacun était légitime.

Ma célébrité d'icône pop me valut pourtant, ainsi qu'à Marion, qui n'avait rien demandé, un remake de la scène du baiser-dans-la-voiture, version LGBT. Lors du tournage, Gilles avait réuni une équipe réduite et nous a demandé de nous embrasser pendant une minute. Il a fallu faire et refaire la prise un nombre de fois incalculable, devant tous les professionnels regroupés derrière le combo. Là encore, la scène a disparu au montage, et elle n'a pas non plus été utilisée pour la promo du film. J'ai suspecté un pur moment de voyeurisme. Heureusement, Marion embrassait très bien.

Le seul mauvais souvenir attaché à ce film est la scène du club libertin. Celle-ci se déroulait au Cleopatra, à Paris. Marion devait entrer dans une *backroom,* contourner un billard, et me voyait, près d'une cage, entamer des préliminaires avec une autre femme, tandis qu'une troisième se joignait à nous. J'étais déjà rebutée par la scène, mais après tout elle était dans le script et j'avais pu m'y préparer mentalement.

Ce que je n'avais pas anticipé, c'était le réalisme recherché par le cinéaste. Alors que nous avions répété habillés, je me suis retrouvée le jour du tournage au milieu de figurants intégralement nus, qui ne simulaient pas, mais copulaient à tout va. Il s'agissait pour la plupart d'acteurs porno, recrutés pour le naturel de leur prestation. Ils s'envoyaient en l'air de tous les côtés, dans une odeur écœurante de sueur et de fluides corporels. Dans la cage, j'apercevais un copain qui faisait de la figuration pour ce film, nu lui aussi, avec une femme âgée. J'étais dégoûtée. J'ai tout fait pour que la scène soit bouclée très rapidement afin de ne pas vomir. Le metteur en scène s'est justifié en mettant en avant le réalisme obtenu, mais je n'ai pas vraiment compris ce que mon malaise ajoutait au chef-d'œuvre.

Lors de la première du film, à Deauville, j'ai dû revivre ce moment de gêne absolue, assise entre ma mère et mon frère. Dès les premières images, je me suis littéralement liquéfiée sur mon siège, évaluant les probabilités qu'un météore percute le cinéma à cet instant précis. Hormis ces quelques minutes de malaise, j'étais heureuse de sentir l'enthousiasme du public et de lire ensuite les louanges des critiques. J'étais très fière d'avoir participé à cette réalisation audacieuse, au sein d'une bande d'acteurs décalés.

Pour le film *She,* tourné juste après *Les Jolies Choses,* je ne me suis pas laissé faire. J'incarnais une divinité, Ayesha, qui tirait sa révérence en montant nue sur une pyramide pour se jeter dans le vide. Pour cette scène, j'ai exigé que toute l'équipe présente se dénude entièrement, par solidarité et pour atténuer ma gêne. Je me félicite d'avoir déshabillé ce plateau en grande partie composé d'hommes. Cet épisode a d'ailleurs inspiré Yvan Attal, qui a adapté le concept (la pyramide en moins) dans une scène de son film *Ma femme est une actrice,* dans lequel j'ai également joué.

En 2003, le dernier long-métrage auquel je participai me mit face à de nouveaux défis. Dans *Mauvais esprit,* je partageais l'affiche avec Thierry Lhermitte. Quelque temps plus tôt, je l'avais rencontré, ainsi que son épouse, lors d'un dîner privé, et j'avais été conquise par son humour et sa gentillesse. J'ai été sélectionnée pour jouer sa femme dans cette comédie loufoque sur un bébé revanchard – j'avais tenu à passer un casting, pour conjurer mon syndrome d'usurpatrice. Bien qu'il se déroulât sous le soleil de l'Espagne, le tournage s'avéra un calvaire de bout en bout.

La scène d'ouverture du film était celle de la conception de l'enfant, de quoi abattre d'emblée toute barrière de timidité avec Thierry. Même si nous étions habillés sous les draps, j'étais horriblement crispée, gênée de devoir simuler l'intimité, la caméra braquée sur nous avec un *fish eye* (un objectif grand angle) à quelques centimètres de nos visages. De son côté, Thierry riait en me disant de me détendre. Après cette scène, je pensais que le plus dur était derrière moi. C'était compter sans les enfants...

Jour après jour, nous assistions à un défilé de cars qui déversaient sur le tournage des torrents de gamins de tous âges, accompagnés de leurs mamans. La plupart passaient un casting pour incarner le personnage de Junior, mon fils, un bébé malveillant. Celui-ci ne pouvait pas être interprété par un seul enfant, puisqu'il était censé grandir au fil du scénario, et que le temps de travail réglementaire ne permettait pas aux enfants de jouer trop longtemps. Il y avait donc des Junior dans tous les sens, pour les plans éloignés, à des stades de développement différents. Les règles de tournage avec enfants étant assez contraignantes (quoique plus souples en Espagne), nous devions composer avec des temps d'attente très longs, des arrêts de six heures entre les scènes, ce qui représentait un véritable casse-tête pour le réalisateur, dont la patience était admirable. Les prises étaient fréquemment ralenties par les pleurs de bambins inconsolables, que les mères tentaient de mettre en confiance. L'attention était tellement focalisée sur la gestion des enfants que Thierry a pu jouer toute une scène en espagnol sans que personne l'arrête ! Les techniciens du son étaient pliés de rire, car ils étaient les seuls à avoir remarqué la blague.

De mon côté, j'avais beaucoup de mal à m'accorder avec le jeu de Maria Pacôme : alors que j'étais meilleure dans les premières prises, elle excellait plutôt au bout de la quinzième. Le réalisateur s'arrachait les cheveux pour réunir nos « bons moments ». À côté du tournage, je devais préparer le clip du single *Sache,* extrait de l'album *Explicit Lyrics*. Mon chorégraphe m'avait rejointe à Madrid pour me faire répéter les pas, afin que je puisse être opérationnelle à mon retour à Paris ; comme toujours, je menais un rythme d'enfer.

Nous sommes finalement venus à bout de ce tournage épuisant, qui relevait mine de rien de la prouesse. Même s'il a été snobé par la critique, le film a généré plus d'un million d'entrées, et des souvenirs inoubliables chez toute une génération de bébés Junior. Et surtout, il m'a permis de passer d'excellents moments avec Thierry, qui reste l'un des acteurs les plus farceurs que je connaisse.

À l'approche d'un dîner avec lui et son épouse, A., qui m'accompagnait, lui avait demandé : « On vient comment ? » « En homme-grenouille », avait répondu Thierry. A. s'est bien sûr aussitôt mis en tête de trouver un déguisement, jusqu'à ce que je l'en dissuade. J'ai rarement autant ri que lors de ce dîner mémorable, où Gérard Jugnot nous a rejoints ; notre table réunissait les acteurs les plus drôles et loufoques du métier, capables de dépenser une fortune pour faire une bonne blague. J'étais tellement fan de Thierry que j'aurais signé n'importe quel projet commun, sans lire le scénario. C'est d'ailleurs ce que j'ai fait des années plus tard, avec la série télévisée *Doc Martin*. Le projet s'est avéré décevant, mais partager l'affiche avec Thierry était la garantie de passer un bon moment !

Auprès de A., je découvrais la vie avec un réalisateur. J'ai rapidement compris une chose : ces gens ne sont pas comme nous. En société ils peuvent faire illusion et se fondre dans la masse, mais dans la vie domestique ils n'ont pas les mêmes codes. A. consacrait un temps fou à ses tournages, post-prod, musique, montage, promo… toutes ces étapes qui étirent la conception d'un film sur des années. Il pouvait passer des mois enfermé dans un studio, ne sortant que pour des rendez-vous professionnels ou pour subvenir à ses besoins fondamentaux. Il ne ressentait pas le besoin d'aménager l'endroit où il habitait, d'en faire un lieu agréable et accueillant, car sa vraie vie n'était pas là.

Comme avec C., nous ne pouvions réellement profiter l'un de l'autre qu'en vacances. Je me souviens avec nostalgie d'un séjour en Thaïlande, dans un complexe hôtelier cerné de villas de luxe. Lors d'une soirée chez Kenzo, l'un de mes amis, Gulu, un Indien milliardaire boute-en-train, s'était mis en tête de nous marier. A. était devenu livide, l'angoisse tendant peu à peu ses traits. Il s'était mis à bredouiller des excuses, comme s'il était tombé dans un guet-apens. Il n'en fallait pas plus pour le terroriser. Ne jamais plaisanter sur le mariage avec un divorcé.

Je suis heureuse que nous ayons profité intensément de ces quelques semaines au soleil, car je conserve peu de souvenirs d'insouciance après ces vacances. Ma vie était sur le point de basculer, mais je ne le savais pas encore.

Peu après notre retour, comme si j'avais mis le doigt dans un engrenage karmique redoutable, tout ce que je tenais pour acquis s'est peu à peu délité. Mon couple. Ma famille. Ma santé.

7

J'ignore si j'aurais pu anticiper la tournure des événements, mais il y avait eu quelques signes avant-coureurs.

Mon plan quinquennal avait fonctionné au-delà de mes espérances : en très peu de temps, j'avais réussi à empiler les casquettes d'animatrice, de chanteuse, de mannequin et d'actrice. À l'aise dans tous les milieux, j'avais rencontré la plupart des noms qui faisaient alors la culture française, les grands pontes comme la nouvelle génération. Mais j'avais sous-estimé un point crucial : la charge mentale et l'énergie nécessaires pour assurer toutes ces activités, tout en entretenant une vie sociale riche, qui m'ouvrait sans cesse de nouvelles perspectives.

Depuis que j'étais en âge de travailler, je me dépensais sans compter. J'avais concentré sur douze ans une carrière que d'autres mettent trente ans à construire. Mannequinat, musique, télévision, cinéma, j'avais saisi toutes les voies qui s'offraient à moi, poussée par une forme d'urgence. Jamais rassasiée, je tenais à prouver mon talent, ma légitimité, car je vivais cette réussite comme un malentendu fondamental, un succès à crédit qui exploserait un jour comme une bulle spéculative. Jusque-là, les vacances étaient pour moi un concept rare, et en réalité je m'épuisais à la tâche. Arriva ce qui devait arriver : avec dix ans d'avance, j'expérimentai ce qui serait bientôt identifié comme le mal du siècle. Le burn out.

Quand le burn out frappe quelqu'un qui incarne la réussite et que tout le monde estime chanceux, il est difficilement pris au sérieux. C'est le syndrome « Comment ose-t-elle se plaindre ? », qui nous empêche de tirer la sonnette d'alarme. Depuis des mois, j'avais l'impression de m'épuiser dans l'indifférence de mes proches. A. était accaparé par ses films, ma mère m'encourageait à signer de plus en plus de contrats, et mes amis me connaissaient comme quelqu'un de joyeux et aimant la fête, car auprès d'eux je préférais faire bonne figure plutôt que de risquer de plomber l'ambiance avec mes plaintes.

Les signes d'exténuation sont apparus, mais je les ignorais. Je savais que j'avais une grande capacité de travail et d'endurance, tant que je pouvais décompresser le soir. Le stress des *deadlines*, des responsabilités, la nécessité de ne pas décevoir, d'incarner l'image sexy et légère que tout le monde avait de moi, toute cette tension était présente depuis si longtemps que je ne la remarquais plus, comme une gaine rigide et asphyxiante que j'aurais oublié d'enlever. Mais ce qu'on tente d'ignorer, notre corps se charge de nous le renvoyer en pleine figure.

La première fois que j'ai souffert de névralgie, j'ai d'abord cru à un mal de dents. J'ai ressenti une douleur lancinante au niveau de la mâchoire, avant de la sentir se propager aux sinus, aux oreilles, aux yeux... J'ai pris un antidouleur en me disant que ça allait passer, mais la sensation a persisté pendant deux jours, avant de dégénérer en crise. J'étais au supplice. Les médecins ne comprenaient pas ce que j'avais. Ma mère, exprimant par là ses craintes, leur laissait entendre que je me droguais à longueur de journée, d'où cette crise. Ses propos m'ont profondément blessée : elle semblait plus pressée de se plaindre de moi que de m'aider. De mon côté, une fois la douleur estompée, je m'estimai sortie d'affaire. Je me trompais lourdement, car les crises allaient se multiplier. Les déceptions aussi.

Juste avant que je parte en Thaïlande, j'avais reçu un appel de ma mère : « J'ai un souci. » Comme c'était chez elle l'équivalent de « Allô, ma chérie ? Comment vas-tu ? », je ne m'étais pas inquiétée outre mesure. Pas même quand elle avait détaillé le « souci » : selon elle, je n'avais plus d'argent à la banque, j'étais ruinée. J'avais aussitôt éclaté de rire. C'était invraisemblable. Comment pouvais-je être ruinée alors que j'avais gagné des millions ? Ce devait être une erreur. Ma carrière était au beau fixe, et mes dépenses loin d'excéder mes revenus.

Il est vrai que je n'avais pas une idée claire des flux d'argent qui transitaient sur mon compte. Ma mère était ma manager, je lui avais délégué la gestion de mes finances et la négociation de mes contrats avec une confiance aveugle. C'était ma mère, je n'allais pas lui demander des comptes ni regarder par-dessus son épaule.

Au téléphone, elle avait insisté : « Tu ne peux pas partir deux semaines en vacances alors que tu es ruinée ! » Je lui avais dit d'appeler la banque pour éclaircir ce mystère, car ce ne pouvait être qu'un malentendu, un simple problème de trésorerie. Et je suis partie quand même, sans voir dans cet appel un avertissement. Sans me douter que ce « souci » (ou comme j'aime l'appeler, ce *soucy*) était l'arbre qui cachait la forêt.

À mon retour, les crises de névralgie ont repris, plus intenses à chaque fois, comme des décharges électriques dans le crâne. Je sentais qu'elles étaient liées aux disputes avec ma mère, à son silence face à mes suspicions – qui seraient bientôt étayées par des traces écrites. C'était un supplice que j'affrontais seule, car A., comme tous les hommes, n'était pas d'un grand soutien. Étant donné que nous avions chacun un travail prenant qui nous retenait souvent loin l'un de l'autre, avec des tentations multiples à la clé, notre couple commençait à péricliter. L'été qui suivit, je passai quelques semaines de vacances dans le Sud, sur la Riviera, longeant les côtes méditerranéennes en bateau avec Puff Daddy, et toute une bande d'asticots milliardaires et fêtards, pendant que A. tournait un film dans le Luberon. Lorsque je suis passée le voir, j'ai compris que quelque chose n'allait pas.

Dans la chambre où il dormait, juste devant le lit, se dressait une affiche de moi grandeur nature, une publicité que j'avais faite pour un bijou Chopard, et qu'il avait accrochée là pour ma venue. Quand un mec devient démonstratif jusqu'au grotesque, vous pouvez être sûre qu'il vous trompe. Sur le tournage, tout le monde se montrait étrangement affable envers moi. Être « la copine du réal » n'est jamais une position facile mais, lorsque chacun vous présente le même sourire compatissant, il y a toutes les chances pour qu'on vous cache quelque chose. Effectivement, je n'ai pas tardé à découvrir que A. avait une liaison sur le plateau. Blessée et déçue, je suis retournée à Saint-Tropez, décidée à profiter de mes vacances malgré tout. Mais quelque chose était brisé.

Pendant les semaines qui ont suivi, nous nous sommes vus entre deux tournages, mais le cœur n'y était plus. Nous étions l'un et l'autre allés voir ailleurs par faiblesse ou par vengeance, mais aucun de nous n'avait pris la responsabilité de rompre définitivement.

En septembre, je participai à un programme de prévention contre les dangers du tabac, lancé par le ministère de la Santé. Cette pastille de quelques minutes était diffusée juste avant le journal de 20 heures sur TF1, et mettait en scène une célébrité et un inconnu qui suivaient ensemble un programme pour arrêter de fumer. Renoncer au tabac à ce moment-là ne relevait pas d'un très bon timing, car outre les difficultés avec A. je me faisais beaucoup de souci pour ma grand-mère, qui était à l'hôpital et dont l'état se dégradait. L'inquiétude me donnait envie de fumer, mais je devais passer toutes les six heures un test garantissant que je n'avais pas touché une cigarette.

Tandis que je tournais ce spot préventif à Courchevel, A. assistait à Paris à la première d'un film de Laurent Baffie. Ce soir-là, je reçus un appel de mon copain Didier, qui me glaça le sang : il m'avertissait que A. s'affichait ouvertement avec une autre. Remuant le couteau dans la plaie, Didier me décrivait ce qu'il voyait : « Ils s'embrassent, là, devant tout le monde, c'est super chaud ! » Je n'arrivais pas à y croire. La rage et l'humiliation luttaient en moi, m'arrachant des larmes de colère. Je demandai à Didier d'intervenir, même si je savais que ça ne servait plus à rien. « C'est ton histoire, ma chérie. Moi je suis juste ton pote, je te préviens. »

En raccrochant, je m'effondrai en larmes. Me tromper était une chose, mais le faire à l'occasion d'une première devant le Tout-Paris, à la vue de nos amis communs qui m'appelaient les uns après les autres, c'était une gifle en pleine figure. Une humiliation de plus, la dernière.

Entre cette trahison et l'état critique de ma grand-mère, je n'y tins plus. J'ai supplié la production de l'émission de me laisser fumer. J'avais besoin d'une soupape de décompression, autrement, j'aurais explosé. Ils ont fini par céder, et j'ai grillé deux paquets d'affilée. Je suis heureuse d'avoir pu me défaire de cette habitude avec le temps, car à ce moment-là elle a sans nul doute empiré mon mal-être.

Après cette ultime crise, la rupture avec A. était consommée. Comme souvent quand on partage le même cercle social, nos amis ont dû prendre parti, et la plupart se sont ralliés au producteur de films, celui qui était plus susceptible de les faire travailler. Sur le moment, je me suis sentie isolée, mais au fond je comprenais leur réaction. *Business first.* J'aurais fait pareil à leur place. Ce qui m'a le plus peinée, c'est de ne plus voir les enfants de A., pour qui j'avais énormément d'affection.

Heureusement, je n'ai pas tardé à faire une nouvelle rencontre, qui s'est avérée beaucoup plus bénéfique pour moi. J'ai repéré S. pour la première fois aux Bains Douches, décidément le pourvoyeur officiel des hommes de ma vie. S. était le chauffeur d'Hubert Boukobza, le patron de la boîte. La première fois que je l'ai vu, j'ai tout de suite été attirée par ce grand Black à la fois imposant et discret.

Il habitait dans une banlieue lointaine, ce qui l'obligeait à effectuer un long trajet quotidien pour se rendre au travail. Comme je vivais désormais seule dans une grande maison, je lui ai proposé de s'installer chez moi pour lui faciliter la vie, à un étage indépendant, en tout bien tout honneur. Nous avons vécu chacun de notre côté pendant un mois, puis, naturellement, nous nous sommes rapprochés.

Pour une fois, je sortais avec un homme de l'ombre, quelqu'un qui n'était pas sur le devant de la scène, mais qui connaissait bien le monde de la jet-set et savait ce que représentait l'exposition médiatique. Solide, rassurant, dévoué, il m'a été d'un soutien précieux pendant la période difficile qui s'est ouverte à ce moment-là...

Depuis quelques mois, le ton était monté avec ma mère. Les problèmes de gestion avaient jeté une ombre entre nous, et la confiance était rompue. Cette défiance mutuelle ne devait plus jamais s'apaiser. Chacune échouait à comprendre le point de vue de l'autre, et la soupçonnait des pires intentions.

Je savais que ma mère parlait de moi à son entourage comme d'une irresponsable incapable de tenir compte des autres, préoccupée uniquement par son nombril. Elle se plaignait d'être mal payée et négligée par moi, la fille ingrate qui lui devait tout. À mon sens, elle n'a pourtant manqué de rien. Je la laissais se rémunérer directement et fixer elle-même le montant qu'elle jugeait approprié, et j'avais assez de respect pour elle et d'argent pour ne pas aller fouiner dans sa gestion, ni lui attribuer un salaire fixe comme à une employée.

De plus, mes efforts pour lui témoigner mon affection m'étaient généralement reprochés. Pour l'un de ses anniversaires, je lui avais offert la voiture de ses rêves, un Roadster Mercedes SL 500.

Comme j'ai le sens du spectacle, j'avais monté le genre de mise en scène que j'aurais adoré qu'on m'organise. Je lui avais bandé les yeux, l'avais installée sur le siège conducteur, les mains sur le volant, faisant peu à peu monter la tension. Quand je lui ai retiré le bandeau, j'ai lu dans son regard sa joie de se retrouver dans la Mercedes, désormais à elle.

Pourtant, son premier réflexe fut de me faire des reproches : « Mais moi, je n'ai pas les moyens de payer l'assurance ! Tu ne peux pas faire des cadeaux normaux, comme tout le monde ? » Douche froide. Je lui précisai que l'assurance était payée pour un an, mais elle s'entêta dans son mécontentement. Après quelques épisodes similaires, mes effusions d'amour filial se sont espacées.

Autrefois, l'argent était un sujet délicat dans la famille. À partir du moment où j'en ai gagné beaucoup, c'est devenu bien pire. Être perçue comme une source de revenus change totalement votre rapport aux autres. Les visites, les appels, les dîners ne sont plus jamais gratuits. Même mes amies d'enfance ont montré un autre visage lorsque ma carrière a décollé. Quant à mon frère et ma mère, ils passaient rarement me voir sans solliciter un « coup de pouce », après avoir tourné autour du pot pendant une heure. Paradoxalement, c'est ce qui m'a longtemps convaincue de la bonne foi de ma mère : si j'étais une source de revenus pour elle, elle avait tout intérêt à prendre soin de mes finances. Ce que j'ai découvert par la suite m'a prouvé le contraire…

Nous avons fini par nous fâcher à mort. Il n'était plus possible d'échanger sans nous disputer, aussi a-t-elle décidé, dans un geste théâtral, de me rayer de sa vie : elle m'a envoyé par coursier des cartons contenant des affaires laissées chez elle, des photos d'enfance et de multiples papiers (de mon acte de naissance à des documents de la banque ou de l'assurance vie) et est partie séjourner à Saint-Martin avec le milliardaire qu'elle fréquentait à l'époque. Le message était clair.

J'avais beau être blessée, je résolus de ne pas me laisser abattre. Puisqu'elle ne voulait plus s'occuper de ma carrière, j'allais la reprendre en main. Je me suis rendue en son absence dans son appartement de Neuilly pour récupérer mes documents professionnels. Pour reprendre la gestion de mes affaires, il me fallait les dossiers, contrats, carnets d'adresses et autres courriers qu'elle s'était bien gardée de me renvoyer. Je suis entrée dans mon ancienne chambre, reconvertie en bureau, et je me suis penchée sur les papiers laissés en plan.

« À détruire après lecture. » Cette mention figurait sur plusieurs documents. Le contenu de certaines lettres m'horrifia. Ma mère parlait de moi dans des termes outranciers, me dépeignait comme une cinglée irrécupérable à qui on ne pouvait pas se fier. Malgré notre brouille, j'étais choquée par la violence de ces propos, pires que ce que j'avais imaginé. Je découvrais la face cachée de ma mère.

Au bout de quelques minutes, un malaise me gagna. Le sentiment d'avoir été trahie, en paroles et peut-être en actes, me donnait envie de vomir. Impossible de passer une seconde de plus dans cette chambre d'enfant dont le souvenir était sali par ce que je découvrais. J'emportai une brassée de papiers et rentrai me réfugier chez moi.

Peu de temps après, j'étais frappée par une crise dévastatrice, dont la violence a fait basculer le cours de ma vie. Les tensions familiales cumulées au burn out finirent par faire disjoncter mon corps. Des douleurs électriques cisaillaient ma tête et me mettaient au supplice, si bien que j'ai été expédiée aux urgences de Lariboisière, qui traitaient les céphalées par des infiltrations dans le cerveau. Mais la douleur ne passait pas. Mon visage s'est retrouvé paralysé, à tel point que je ne parvenais même plus à parler.

J'appris plus tard qu'il s'agissait d'une névralgie d'Arnold, avec double paralysie des nerfs trijumeaux, une pathologie mieux connue aujourd'hui, mais mal diagnostiquée à l'époque. Sur le moment, les médecins ne comprenaient pas ce qui m'arrivait. L'imagerie médicale ne permet pas de détecter cette maladie, si bien que je passais pour une migraineuse hystérique qui exagérait son état. Pourtant, la souffrance était bien réelle.

Pendant ces premiers jours d'hospitalisation, ma mère n'est pas venue m'apporter son soutien. Elle campait sur ses positions, et je comprenais désormais que je ne pouvais plus compter sur elle. Quand j'ai retrouvé l'usage de la parole, à l'hôpital, j'ai eu le réflexe de l'appeler. Il faisait nuit, et mon esprit embrouillé m'a automatiquement dirigée vers elle quand j'ai saisi mon téléphone portable. Mais, lorsqu'elle a décroché, impossible pour moi de prononcer une phrase intelligible. Les paroles qui sortaient de ma bouche s'emballaient comme un marteau-piqueur, et j'ai préféré raccrocher.

Je devais à nouveau faire le deuil d'une figure parentale, la seule qui me restait.

8

Incapable de parler, le visage paralysé, mes racines tranchées… C'est dans ce piteux état que j'ai entamé la trentaine, décennie qui m'a ouvert les yeux sur bien des points.

Si les médecins ont mis du temps à identifier la nature de ma maladie, c'est parce qu'il s'agit d'un mal qui frappe généralement les personnes âgées ayant derrière elles une vie de drames et de tension. Le stress excessif est la source de cette pathologie. Elle atteint les gens qui ont vécu dans le mensonge constant au prix d'une insécurité et d'un autocontrôle permanents, et d'une grande solitude. En bref, mes douze années dans le show-business avaient provoqué autant de dégâts physiologiques qu'une vie d'espion. La franchise ciné en moins.

Après mon hospitalisation à Lariboisière, j'ai été rapidement transférée dans un centre antidouleur du sud de la France, où je suis restée près d'une année. J'y entrai avec un visage toujours paralysé, j'étais incapable de m'exprimer de façon intelligible. Je devais demeurer dans le noir à longueur de temps, et attendre que les infirmières s'occupent de moi. Elles ne tiraient le rideau de ma fenêtre que pour me permettre de prendre mes plateaux-repas, seules éclaircies dans mes journées maussades.

Les infirmières m'avaient défendu de me lever seule. J'ai compris pourquoi lorsque j'ai voulu leur offrir des gâteaux que S. m'avait apportés de Paris. Je me croyais suffisamment en forme pour tenir debout, mais dès que j'ai posé un pied par terre j'ai senti le sol se dérober. Les gâteaux ont volé, ma perfusion a lâché et ma tête a percuté le sol. Côté lunettes. Les montures se sont enfoncées profondément dans mon visage, provoquant une douleur insoutenable. Faute de pouvoir atteindre le bouton d'urgence, j'ai dû ramper à travers la pièce pour l'activer, la figure en sang. Pour la première fois de ma vie, j'ai appelé au secours. Les infirmières m'ont trouvée au sol, à bout de souffle, le visage fracassé. Un médecin m'a dit de ne surtout pas chercher à retirer mes lunettes, sous peine d'abîmer davantage ma figure déjà ravagée. Cet accident m'a traumatisée, et j'ai par la suite scrupuleusement obéi aux consignes des infirmières.

Ce n'est qu'au bout de trois ou quatre mois que je suis parvenue à dormir sans l'aide de médicaments. Pendant l'année que j'ai passée dans ce centre, j'ai suivi des dizaines de protocoles médicaux. Comme un rat de laboratoire, j'ai expérimenté divers traitements, tous aussi inefficaces les uns que les autres. Ma paralysie s'atténuait au fil des mois, mais la douleur revenait par vagues, lancinante, et rien ne semblait pouvoir l'apaiser. Les antalgiques toujours plus forts qu'on me prescrivait ne faisaient qu'abîmer mon organisme déjà éprouvé. Pour finir, on m'a tout simplement remise sous morphine. Retour à la case départ.

C'est seule que je repris l'avion pour Paris à l'issue de cette année cauchemardesque. La souffrance ne m'avait pas quittée, mais je ne voulais pas rester éternellement hors du monde, dans ce centre qui, au mieux, me maintenait en état de survie. Je suis revenue chez moi en miettes, avec mes migraines dévastatrices, mes traitements, et ma bouteille d'oxygène qui ne me quittait plus. Je devais réapprendre à me nourrir, à dormir, à respirer, j'étais devenue totalement dépendante. J'affrontais la douleur comme je pouvais.

Quand elle était trop forte, je faisais appel à SOS Médecins, je voulais à tout prix éviter une nouvelle hospitalisation.

Ma seule chance dans cette période de détresse était d'avoir S. à mes côtés. Il prenait soin de moi, s'assurait que je ne manquais de rien, que ma bouteille d'oxygène était toujours à portée de main, me nourrissait à la cuiller. Je ne pouvais littéralement plus vivre sans lui, sans son aide et ses soins constants, et il ne s'est pas défilé devant la tâche. Il m'a portée à bout de bras pendant des mois, et je lui en serai à jamais reconnaissante.

Dans ces conditions, il était inenvisageable pour moi de retravailler. Le simple fait de parler était une souffrance, et j'évitais autant que possible les coups de fil des producteurs de M6, qui voulaient discuter de mon contrat. Je ne voulais pas me griller en révélant mon état, et surtout, je ne pouvais pas accorder une seule pensée au travail sans être prise de migraines terribles.

Pour la première fois de ma vie d'adulte, je sortais ma vie professionnelle de la liste de mes priorités. L'urgence absolue était de me reconstruire, de survivre à ce mal qui ne me laissait aucun répit, de parvenir à vivre avec, autant que possible. Moi qui me projetais sans cesse vers de nouveaux horizons professionnels, je lâchai tout d'un coup pour me concentrer sur ma convalescence. Ma névralgie a mis un coup d'arrêt à tous mes projets, un terme à mon plan quinquennal. Je suis sortie de la lumière des projecteurs et je me suis mise à vivre plus simplement, sans me sentir en devoir de briller ou de multiplier les projets. Ophélie Winter disparaissait pour laisser la place à Ophélie Kleerekoper, le nom sous lequel j'avais grandi. Une nouvelle page de ma vie s'ouvrait.

Pour me changer les idées, S. m'a convaincue de déménager à Miami, une ville qu'il connaissait bien et où il voyait des perspectives professionnelles. Je me suis laissé persuader, car ma hantise était de retourner à l'hôpital. À Miami, où je n'étais pas connue, j'espérais trouver la tranquillité et reprendre peu à peu goût à la vie. Nous avons donc quitté Paris pour la Floride.

S. m'a fait visiter cet État magnifique, en emportant partout ma bouteille d'oxygène. J'étais toujours assez faible, mais le changement de cadre, le soleil et la douceur de vivre de cette ville me réussissaient. Afin de pouvoir rester aux États-Unis, j'ai cherché à obtenir la *green card.* L'avocat de mon père, qui se prénommait aussi David, m'avait laissé entendre que celui-ci était d'accord pour m'aider dans cette démarche. Je n'avais plus entendu parler de mon père depuis son « retour critique » sur le *blockbuster* de Leslie Nielsen. C'était la première fois que je lui demandais un service et, comme je ne sollicitais rien de plus qu'une signature sur un papier, je pensais que ça ne poserait pas de problème ; je ne menaçais pas de m'inviter chez lui en vacances.

La procédure était engagée depuis deux mois quand le jour de la signature des papiers officiels arriva. J'étais très enthousiasmée à l'idée de m'installer plus durablement dans le pays, et touchée que mon père ait un rôle à jouer dans ce nouveau départ. Mais, avant que j'aie pu parapher quoi que ce soit, il m'a appelée pour me dire qu'il avait reconsidéré l'affaire, et préférait ne pas signer : « *You could be an obstacle in my life*[1]. » Une gifle n'aurait pas mieux fait le job. À nouveau, j'étais écœurée par son attitude, son égoïsme. Pour la seule fois de sa vie, il avait l'opportunité de m'aider, de racheter le sentiment de culpabilité qu'il avait peut-être (ou peut-être pas) ressenti en nous abandonnant, mais il ne l'a pas saisie. Alors que je me croyais vaccinée contre le sentiment d'abandon familial, alors que je pensais ne nourrir aucune illusion sur ma famille, je me retrouvais à nouveau rejetée, humiliée. J'étais définitivement dégoûtée de la famille.

1. « Tu pourrais être un obstacle dans ma vie. »

Sans *green card*, mon séjour de longue durée aux États-Unis était compromis. Je n'avais plus vraiment le cœur à rester dans ce pays que mon père pensait trop petit pour nous deux, et ma relation avec S. commençait à battre de l'aile.

Nous sommes rentrés à Paris ensemble, mais notre couple ne tenait plus. Comme de coutume, quand je n'étais plus amoureuse, j'attendais que l'autre soit rebuté par un quotidien rendu impossible et me quitte. Pourtant, j'avais encore beaucoup d'affection pour S. Nous nous comprenions aussi bien que des jumeaux, et je lui voue toujours une grande estime. Notre relation n'était simplement pas faite pour durer, et nous avons poursuivi notre route chacun de notre côté.

Deux ans après ma crise de névralgie, ma santé restait fragile, ma capacité de concentration réduite, mon corps toujours douloureux. Je n'avais pas trouvé de remède magique et j'avais appris à vivre avec la douleur, c'est-à-dire à vivre *a minima*, reconnaissante pour chaque nouveau jour qui m'était offert. Les premiers progrès apparurent non pas grâce aux médecins qui me suivaient ou aux médicaments qu'on me prescrivait, mais grâce à une pratique vieille de deux mille ans, pourtant encore snobée par l'ordre médical : la médecine chinoise.

Mon visage souffrait toujours de paralysie lorsque je pris rendez-vous avec un acupuncteur, que m'avait recommandé Christophe Robin, le coloriste des stars ; j'appris qu'il l'avait également conseillé à Catherine Deneuve. Je n'osais pas placer trop d'espoir dans cette discipline encore marginale en France. Mais, dès les premiers instants, j'ai su qu'avec lui les choses seraient différentes.

L'homme que j'avais devant moi a ouvert la séance en faisant ce que presque aucun médecin n'avait fait jusque-là : il m'a interrogée sur ma vie, mon enfance, ma famille, les rapports que j'entretenais avec chacun de mes proches.

Puis les prémices de ma maladie, ses manifestations, les traitements suivis depuis. Rien à voir avec les deux minutes réglementaires de temps de parole qu'on vous accorde dans les consultations classiques. Il a demandé ensuite à voir ma langue, à prendre mon pouls, puis a dessiné des schémas cryptiques sur son carnet. Ses questions avaient beau être déroutantes, je me suis sentie en confiance.

Après cet entretien exhaustif, je me suis allongée sur la table de son cabinet, curieuse de la suite du protocole. Il a pris mon pouls une nouvelle fois, puis s'est emparé de fines aiguilles. Lorsqu'il en a enfoncé une dans l'un de mes orteils, je m'attendais à éprouver une vive douleur. En réalité, je n'ai presque rien senti. La deuxième a déclenché une réaction nettement plus sensible, mais c'était une douleur interne et fugace, comme une petite décharge.

En quelques minutes, mon corps s'est retrouvé piqué d'une cinquantaine d'aiguilles. Puis, d'un geste assuré, le praticien a enfoncé dans mon nez un bâtonnet en bois, de la longueur d'une spatule. J'avais l'impression qu'il allait me perforer le cerveau, mais la zone qu'il a touchée m'a aussitôt plongée dans une douce léthargie. Alors que mon corps était jusque-là une somme de souffrances, je ne ressentais plus rien, mon âme planait au-dessus de ma chair. Je n'étais ni bien ni mal, je vivais simplement un répit. Un pur moment de lâcher-prise.

Quand j'ai réintégré mon corps, ce n'était plus celui que j'avais laissé. Je retrouvais l'aisance et la mobilité dont j'étais privée depuis des mois. Je me sentais apaisée, enfin. Depuis quand cela ne m'était-il pas arrivé ?

Nous nous sommes rassis à son bureau et, le temps que je reprenne mes esprits, il m'a expliqué son diagnostic, dans des termes que je n'avais jamais entendus. Tout le côté gauche de mon corps, correspondant au féminin et au maternel, était mort. À cause de mon surmenage, d'un trop-plein émotionnel, le froid s'était accumulé dans mon organisme, jusqu'à former une sorte de cintre de tension dans les épaules ; il appelait ça une « frigorie ». Le choc que j'avais reçu dans le bureau de ma mère l'avait cristallisée au point d'entraîner une paralysie du visage et d'autres parties du corps.

En l'espace d'une séance, il avait réussi à débloquer largement mon visage, mais des séquelles resteraient. Aujourd'hui encore, bien que je sois suivie par un ostéopathe et un étiopathe, j'ai beaucoup de mal à détendre mon poing gauche, il est naturellement fermé, comme en position de combat.

Depuis ce jour, la médecine chinoise fait partie de ma vie. À l'origine, elle n'a pas pour vocation de réparer l'épave une fois qu'elle est au fond de l'abîme, mais plutôt de s'assurer que le bateau est en état de naviguer. De nous accompagner dans les changements saisonniers, environnementaux, mais aussi affectifs. Elle s'avère tout de même très efficace pour soigner une grande variété de maux et déséquilibres. Des symptômes que la médecine occidentale classe généralement sous l'étiquette « psychosomatiques » (comprendre : « c'est dans la tête », ou « c'est pour se faire remarquer ») et matraque à coups de médicaments. La médecine chinoise les lit au contraire comme des panneaux de signalisation qui permettent de tracer l'origine des maux. Ils forment un langage utilisé par le corps pour exprimer, compenser, ou attirer l'attention sur un problème. Cette façon d'aborder la santé nous incite à porter un regard plus respectueux sur notre corps, et fait appel à notre bon sens. Grâce à la médecine chinoise, j'ai pu remonter la pente.

Comme je suis convaincue qu'on ne peut pas soigner le corps sans soigner l'esprit, j'explorais en parallèle de l'acupuncture les racines psychiques de mon mal avec l'aide d'une psychanalyste. J'avais commencé une analyse quelques années plus tôt, lors de ma relation particulièrement éprouvante avec C. Les effets n'avaient pas été spectaculaires, car je n'étais pas en confiance avec cette première thérapeute, choisie par ma mère.

Celle que je consultais à présent – librement choisie – m'a aidée à poser un regard nouveau sur mon passé. J'avais toujours pensé que l'absence de mon père expliquait en partie les problèmes que je rencontrais avec les hommes. Mes histoires longues étaient des relations passionnées, mais aussi instables, destructrices, voire violentes. Je voulais comprendre si quelque chose en moi, comme un vice de fabrication, menait ces relations à l'échec.

D'après ma thérapeute, il y avait effectivement un problème, mais il venait de ma mère. Elle devinait en elle une femme frustrée, revancharde, qui avait conçu de ses échecs une haine des hommes, de la vie, de tout ce qu'elle avait raté. Lorsqu'elle m'avait vue réaliser son rêve, devenir celle qu'elle aurait voulu être, sa jalousie déplacée avait pris le pas sur la fierté maternelle. Si j'échouais, je perdais son estime. Si je réussissais, je perdais sa bienveillance. En un mot, je ne pouvais pas faire son bonheur.

Comprendre ces motifs cachés, que j'avais longtemps soupçonnés, tirer un à un les fils du passé, prendre du recul sur mon besoin désespéré d'amour, tout cela m'a aidée à mieux accepter l'isolement familial qui était devenu le mien. À y voir la conséquence de multiples facteurs, et non un échec personnel. Et même à mieux comprendre ma mère, comme j'avais fini par comprendre mon père.

Nous ne nous sommes pourtant jamais réconciliées, et aujourd'hui j'ai définitivement tiré un trait sur elle, comme sur tous les gens toxiques qui m'environnaient. Trop de mots poignards avaient été échangés, lacérant le cœur, l'ego et l'estime de soi. Prendre le risque de m'exposer à une nouvelle déception aurait été suicidaire.

Mon frère mis à part, je renonçai donc irrémédiablement à ma famille proche. La maladie m'avait endurcie, prouvé que je pouvais survivre aux pires épreuves, et moralement j'en tirais une certaine force. J'avais pourtant plus que jamais besoin de soutien, car j'étais convalescente. Heureusement, je pouvais compter sur une nouvelle rencontre pour m'aider à me relever de cette période difficile.

9

Alors que je déjeunais avec mon frère et une amie chez Kaïten, le restaurant japonais haut de gamme du 8e arrondissement, je remarquai ce businessman séduisant, qui jetait sans cesse des regards de notre côté. Le bar à sushis circulaire permettait à tous les clients de s'observer, mais son insistance allait au-delà de la simple curiosité. Comme mon amie était sublime, j'étais persuadée que c'était elle qui attirait l'attention de l'inconnu, que sa beauté éclipsait forcément la mienne. Mais Mickaël était formel : c'était moi qu'il regardait. Pour le prouver, il m'a mise au défi de lui envoyer ma carte.

Je n'avais rien à perdre, il y avait peu de chances que je le recroise un jour. Ma relation avec S. était au stade terminal, j'avais besoin de me changer les idées et l'excitation du défi me plaisait. Alors, sans plus y réfléchir, j'ai transmis ma carte au bel inconnu par l'intermédiaire d'un serveur. Il l'a accueillie avec un sourire lumineux, qui m'a laissé penser que mon frère avait vu juste. Puis j'ai quitté le restaurant, ravie de mon audace.

N. m'a appelée dans l'heure qui a suivi pour s'excuser de m'avoir dévorée des yeux, m'expliquant qu'il n'avait pas pu faire autrement. Nous avons discuté un moment et, à l'issue de ce premier coup de fil, j'avais hâte de le revoir en tête à tête, sans bar à sushis entre nous.

N. était courtier dans une grande banque américaine. Beau, prévenant, tendre et dévoué, il représentait à tous les égards le petit ami idéal, et à partir du jour où je lui ai donné ma carte il n'a cessé de le prouver. Fleurs, cadeaux, dîners romantiques, attentions quotidiennes… Pendant des semaines, j'ai été l'objet d'une cour assidue qui m'a subjuguée. Pour une fois, je sortais avec quelqu'un qui n'avait rien à voir avec les milieux artistiques où j'évoluais, et ce changement me réussissait. Il était plus attentionné et respectueux que tous les hommes que j'avais connus, et à ce moment de ma vie, alors que j'avais dû me recentrer sur ma santé loin des lumières du show-biz, sa gentillesse et sa dévotion m'ont profondément touchée.

Nous sommes devenus inséparables. Deux ans après mon hospitalisation, je n'étais toujours pas totalement remise de ma névralgie d'Arnold. Mon corps restait marqué par la maladie, et je faisais mon possible pour reprendre du poids et des forces. N. a très bien compris la nécessité de fuir le stress et le mauvais air parisien, qui faisaient régresser mon état. J'avais besoin de fréquenter des endroits oxygénés, de me rapprocher de la nature, de contempler l'horizon et non des rangées d'immeubles. Nous sommes partis quelques mois en Corse et, à compter de cet instant, les vacances n'ont jamais cessé…

Corse, Maldives, Courchevel, Thaïlande. J'ai passé la majorité des deux années qui ont suivi en vacances, à me déplacer en jet dans des cadres toujours plus paradisiaques. Malgré son métier prenant, N. se débrouillait pour passer beaucoup de temps avec moi. Il emportait du travail ou se mettait en congé afin de pouvoir m'accompagner, et quand il ne pouvait pas être présent il s'assurait que je séjourne dans un endroit magnifique et que je ne manque de rien. Auprès de lui, j'ai vécu mes années princesse : pour la première fois, je me laissais chouchouter par un homme, j'acceptais sa bienveillance, je m'en remettais à lui les yeux fermés. Il me traitait comme une reine, me prenait en charge dans les périodes de rechute, supportait mes sautes d'humeur avec une patience bouddhique. Un vrai gentil.

Avec lui, je découvrais la vie en vacances. Le farniente. La douceur de vivre. Le bourreau de travail que j'étais avait disparu. Désormais, je me contentais d'être une femme, de vivre au jour le jour, en me reposant sur un compagnon aux petits soins. J'avais vécu une carrière en accéléré, je m'accordais maintenant des vacances sans limites aux quatre coins du monde. Je ne fais jamais rien à moitié.

Le travail m'était littéralement sorti de la tête. Je n'étais pas en état d'y réfléchir, de faire des plans sur le long terme, comme avant, car les migraines surgissaient au moindre effort de concentration trop prolongé. Les rares fois où je tentais de travailler sur des chansons, les céphalées me reprenaient, comme pour me rappeler que je devais d'abord et avant tout penser à me rétablir. Il m'arrivait d'accepter des propositions ponctuelles, afin de ne pas totalement perdre pied avec le monde du travail, mais je n'en étais pas à l'initiative. Ma priorité était de me reconstruire, et j'y suis parvenue. La preuve, c'est que je suis encore là, alors qu'un patient sur deux atteint de ma pathologie se suicide. En hommage à ma capacité de résilience, mon docteur m'appelle Mutagène, comme ces composés chimiques capables de changer le génome d'un organisme.

Cette ressource allait m'être particulièrement précieuse pour affronter la crise qui bouleversa ma trente-troisième année. C'est bien connu, depuis qu'un brave type est mort sur la croix il y a deux millénaires, cette année fatidique est maudite. Je n'invente rien.

À trente-trois ans, je me suis retrouvée clouée au pilori par le tribunal médiatique. La violence de ces attaques aurait pu me détruire, si les épreuves que j'avais traversées n'avaient pas déjà endurci mon mental et aiguisé mon instinct de survie.

Le 13 juin 2007, des policiers se sont présentés à la porte de ma maison, à Neuilly. Ils faisaient partie de l'Office central pour la répression du trafic illicite de stupéfiants. Ils sont entrés chez moi, ont brièvement fouillé les lieux et m'ont demandé de les suivre. J'étais mise en garde à vue. En état de choc, j'ai fondu en larmes. Il y avait forcément un malentendu, je n'étais pas une criminelle. Mais les policiers n'en démordaient pas.

Sur le trajet, je ne pouvais pas m'arrêter de pleurer, même si les agents essayaient de m'apaiser. Une fois au poste, en revanche, on m'a tout de suite traitée avec respect et civisme. J'ai été accueillie dans un bureau par des gens cordiaux, devant un café, et non jetée derrière les barreaux avec du pain sec.

Lorsque les policiers m'ont expliqué la raison de mon interpellation, je suis tombée des nues : un homme que j'avais rencontré à peine un mois plus tôt, au festival de Cannes, était soupçonné d'être un trafiquant de drogue de classe internationale.

Mohamed Denfer. C'était le compagnon d'une de mes amies, et il s'était joint à nos soirées pendant le festival. À cause d'un quiproquo, je l'avais d'abord pris pour un chauffeur ; il n'avait physiquement rien d'un Al Capone. En réalité, il était connu de la police comme le « dealer des stars », ce que j'ignorais. Nous avons été vus ensemble en boîte, et tout est parti de là. Comme Mohamed était filé et enregistré par la police depuis des semaines, je me suis retrouvée moi aussi dans le viseur.

Je mentirais si je prétendais ne jamais avoir touché à la drogue. Je le regrette aujourd'hui, car c'est un véritable poison, mais c'est malheureusement l'un des grands classiques du show-business : la plupart des personnalités évoluant dans ce milieu en ont consommé un jour ou l'autre. La richesse qui circule, la démesure des soirées, les occasions comme les festivals sont autant de tentations qu'il est difficile d'ignorer. La majorité de mes amis d'alors étaient des consommateurs réguliers, mais par manque de chance, et à cause de ma confiance naïve envers les autres, c'est sur moi que le coup de projecteur est tombé.

J'ai dû faire aux policiers le compte rendu des rares moments que j'avais passés en présence de Denfer et, comme mon récit correspondait en tout point aux écoutes qu'ils avaient effectuées, ils ont pu constater ma bonne foi. Au bout de trois heures, une fois établi que je n'étais absolument pas mêlée à un trafic international de stupéfiants, ils m'ont laissée partir. Au final, ils se sont montrés sympathiques et compatissants, presque gênés de m'avoir causé une telle frayeur.

Il n'y a eu aucune suite à cette interpellation, aucune charge contre moi. Je n'ai pas été mise en examen, car mon innocence était établie dès cet instant. J'ai simplement dû payer une amende pour avoir consommé, ce qui était tout à fait normal. Je suis sortie du poste assez traumatisée mais disculpée. Je pensais que c'était la fin du cauchemar. Alors que celui-ci ne faisait que commencer.

Aujourd'hui encore, il est extrêmement douloureux pour moi d'évoquer cette période. C'est pourquoi je tenais à donner ma version des faits dans ce livre une bonne fois pour toutes, avant de clore définitivement ce chapitre de ma vie.

Dès le lendemain de ma garde à vue, un raz-de-marée médiatique a déferlé sur ma vie. Toute la presse a parlé de mon interpellation, dans des termes racoleurs qui laissaient planer le doute sur mon innocence. De *Gala* au *Figaro*, en passant par le JT de Jean-Pierre Pernaut, tous ont cru bon d'attiser le scandale.

Impuissante, je voyais les articles paraître les uns après les autres, en kiosque, sur Internet, à la télévision, ajoutant chacun une pierre au mur de honte qui m'emprisonnait. Je recevais des messages insistants de journalistes rapaces ou de connaissances qui, sous couvert de s'inquiéter pour moi, cherchaient à gratter un supplément d'infos exclusives qu'ils pourraient colporter ou vendre.

La disproportion entre ce qui était arrivé – une interpellation, certes effrayante pour moi, mais sans conséquence – et la légende que les médias ont tissée à partir de cela était vertigineuse. Comme s'ils prêtaient à mon nom des superpouvoirs commerciaux, les journalistes étaient prêts à raconter n'importe quoi pour étirer cet épisode ponctuel en feuilleton de l'été. Ils rongeaient cet os rachitique en ressassant les mêmes informations, étoffées de spéculations et de ragots.

Pendant des semaines, l'humiliation et la détresse m'ont tenue recluse. Je sortais très peu, faisais le dos rond, rasais les murs et marchais tête baissée, au point de me prendre un jour un lampadaire en pleine figure, à la Chaplin.

Mon manager de l'époque insistait pour que je m'explique publiquement, pour que je réponde aux accusations, sans comprendre que j'étais tétanisée, incapable de faire face à des journalistes hostiles, qui étaient de toute façon déterminés à raconter ma déchéance. De plus, je ne voulais pas attiser le scandale, faire durer ce feuilleton médiatique en y apportant ma voix. Sur les conseils de mon avocate, qui allait par la suite m'accompagner dans ma carrière, j'ai préféré laisser passer l'orage, avant de me prêter à une grande interview radio à froid avec Marc-Olivier Fogiel, pour rétablir la vérité. J'ai également fait la une de *Paris Match* avec un entretien mené par Katherine Pancol, qui a achevé de faire la lumière sur cette histoire. Au final, je suis sortie grandie de l'injustice qui m'était faite, mais épuisée et vidée de ma confiance en moi.

Je m'étais engagée à participer cet été-là à l'émission *Popstars*. Dans ce contexte tendu, la production m'avait imposé une clause de contrat lui permettant de me renvoyer du jour au lendemain sans avoir à avancer de motif. Ils me pensaient ingérable, potentiellement droguée, et disaient vouloir se protéger de toute mauvaise surprise. Comme je faisais profil bas, j'avais accepté cette épée de Damoclès. Cette émission était importante pour moi, car elle me donnait l'occasion de passer à autre chose, de donner au public une autre image que celle de la pseudo-criminelle qu'ils avaient vue partout dans la presse.

Heureusement, je me suis très bien entendue avec les autres membres du jury, particulièrement avec Sébastien Farran et Benjamin Chulvanij, patron d'un label *underground* que je respectais beaucoup. Sébastien était un ami d'enfance, et sa présence m'a d'emblée mise à l'aise. Avec lui, j'étais sûre d'avoir un allié, même si au final je n'ai pas eu besoin de son aide. Auprès d'eux, je retrouvais toute ma joie de vivre. Nous partagions des fous rires de tordus dans les coulisses, nous lancions des blagues à tout bout de champ, à tel point que nous avons fini par partir en vacances ensemble.

Cette ambiance joyeuse et légère en off ne passait pas la barrière de l'écran. Pendant les tournages, chacun reprenait son rôle de juré, cherchait à paraître légitime, et la récré était finie. À l'écran, nous étions plus individualistes et l'alchimie n'était pas perceptible. De plus, chacun avait une actu à promouvoir, sauf moi qui n'avais rien de spécial à vendre, ce qui me donnait le sentiment de ne pas tirer mon épingle du jeu.

La production me poussait à sortir de ma coquille, à me montrer plus directe et cassante envers les candidats. Ils m'avaient embauchée en s'attendant à une Paris Hilton qui écraserait les petits jeunes sous ses talons aiguilles en leur assénant leurs quatre vérités. Dans les loges, on m'encourageait : « Vas-y ! Tu peux te lâcher, n'aie pas peur de vexer les gens, tu peux les vanner ! » Erreur de casting. Je n'aurais jamais pris plaisir à briser les espoirs des candidats sous prétexte de faire « de la bonne télé », comme Mia Frye ou d'autres.

J'ai trop de respect pour les rêves et la passion des aspirants artistes, ceux qui jouaient ici leur avenir, pour faire du sensationnel à leurs dépens. La déception des perdants était déjà suffisamment difficile à voir. Souvent, j'allais les trouver en coulisses pour leur redonner confiance et les mettre en contact avec des gens du métier, si je pensais qu'ils avaient du talent.

Je faisais aussi attention à ce que je disais. À l'écran, je craignais sans cesse de commettre un faux pas. Je cherchais à me réhabiliter auprès du public, ce qui bloquait d'emblée les vannes spontanées que j'aurais pu faire. En coulisses, je fuyais les fumeurs de l'équipe, pour ne pas risquer d'être contaminée et d'échouer aux tests qu'on me faisait passer régulièrement. Je sentais que j'étais attendue au tournant, alors je ne faisais pas le show ; mais dès que le tournage cessait je retrouvais mon naturel et profitais de la présence de mes amis. Cette émission aura eu le mérite de me sortir du scandale Denfer, et de constituer quelques beaux souvenirs de coulisses.

Après le tournage, je suis repartie avec N. pour des vacances longue durée. J'avais besoin de me remettre de l'épisode traumatique du début d'été, consciente que l'angoisse avait anéanti une partie des progrès réalisés ces derniers temps. Je ne voulais plus accorder une pensée au travail, aux médias, au show-biz, et souhaitais me consacrer à l'instant présent. N. à mes côtés, je remis mon diadème de princesse et me laissai porter au gré de nos pérégrinations pendant l'année qui suivit.

Cette vie de rêve a cependant fini par me lasser. Après deux ans et demi de relation, mon chevalier servant a commencé à me taper sur les nerfs. Si lui me traitait comme une reine, de mon côté, je dois admettre que je le traitais très mal. J'étais heureuse de pouvoir m'appuyer sur lui quand j'étais au trente-sixième dessous, mais dès que ça allait mieux j'échappais volontiers à sa compagnie pour retrouver des copains et vivre ma vie. Compréhensif, il acceptait tout pourvu que je lui revienne. Je n'étais pas habituée à sortir avec un gentil, et ces qualités inestimables m'apparaissaient parfois comme de la faiblesse. J'avais toujours connu des *bad boys* ou des mecs sûrs d'eux, qui n'étaient pas dans le même esprit de conciliation. Je n'ai pas su apprécier ce que N. avait à m'offrir, et peu à peu je lui ai mené une vie impossible.

C'était injuste et ingrat, vu tout ce qu'il avait fait pour moi, mais je n'avais pas suffisamment de recul pour le voir. J'étais dans le ressenti pur, je voulais revivre, m'amuser à trente-cinq ans comme j'aurais dû le faire à vingt-cinq : avec insouciance, légèreté, sans pression ni obligation. J'avais le sentiment de passer les étapes de la vie dans le désordre, de m'amuser à l'âge où d'autres se casent. J'étais déphasée par ma vingtaine intense et extrême. N. l'a compris trop tard.

Je l'ai laissé partir, et je suis rentrée à Paris. Pendant un an, j'ai préféré rester célibataire. Je conseille d'ailleurs à toutes les femmes de prendre ce « congé célibat » après une rupture. Une année à se consacrer à soi, sans pression inutile, sans chercher à s'ajuster à un homme. Durant cette période, j'ai continué à profiter de la vie. J'ai fait beaucoup de sport, je voyais constamment mes amis, qui venaient jouer de la musique chez moi. Ma maison était devenue la MJC de Neuilly. À ce régime, mon moral est remonté en flèche. Peu à peu, j'ai pu reprendre le chemin de la chanson. Cette détox amoureuse m'a fait un bien fou. Depuis trente ans que je sillonne le marché du bon mec, et malgré ma coquette expérience, je n'ai pas le sentiment d'avoir tellement gagné en sagesse dans ce domaine. J'ai bien peur qu'en amour on n'évolue pas. On renonce, on fait des compromis, parce qu'on ne va pas se torturer toute la vie avec ces histoires ; à un moment, il faut passer à autre chose.

Pour ma part, même si j'ai fait en sorte de ne pas rejouer à l'infini les psychodrames de ma vingtaine – question de survie –, je n'ai jamais trouvé l'apaisement dans le couple. J'ai eu quelques belles histoires, beaucoup de prétendants, des passionnettes incroyables dont je ne vais pas dresser la liste – restons classe. Mais j'ai souvent buté sur les mêmes écueils. Si on veut éviter les montagnes russes ou les demi-mesures, mieux vaut rester célibataire.

10

J'ai vendu mon hôtel particulier de Neuilly pour louer un appartement plus modeste et mieux adapté à ma nouvelle vie. Depuis quelques mois, l'idée de revenir sur la scène musicale me trottait dans la tête. J'avais besoin de reprendre pied avec un projet qui me ressemblait, et la chanson était ce qui me nourrissait le plus. J'étais partante pour refaire un album.

Sauf que six années s'étaient écoulées depuis la sortie d'*Explicit Lyrics*. Focalisée sur ma convalescence, j'avais laissé ma carrière en stand-by. Je m'étais presque entièrement coupée du monde professionnel, et cette coupure avait été mon salut. Mais la reprise s'annonçait difficile.

En 2008, le milieu de la musique n'avait plus rien à voir avec celui que j'avais quitté. Internet s'était généralisé et s'imposait comme l'avenir des industries musicales et audiovisuelles. Les maisons de disques avaient dû revoir leur modèle en profondeur et, face à l'incertitude économique de cette période de transition, elles se montraient frileuses pour signer des artistes. À cette époque, des grands noms de la chanson française se sont vu priver de leur contrat parce qu'ils ne vendaient plus assez ; la renommée et la légende n'étaient pas une garantie. J'étais perdue, je n'avais pas les codes, et je ne me retrouvais pas dans ce nouvel environnement.

Pourtant, hors de question de me laisser abattre. Puisque je n'arrivais pas à trouver un accord avec une maison de disques, j'allais me débrouiller par moi-même. Certes, je détestais le numérique, et Internet ne m'inspirait que de la méfiance, car j'estimais que la propriété intellectuelle n'y était pas suffisamment respectée. D'un côté les téléchargements pirates rendent accessible gratuitement le fruit du travail des artistes, et de l'autre les plates-formes d'écoute en ligne les rémunèrent une misère, par rapport aux bénéfices qu'ils peuvent tirer d'un CD physique. Mais, puisque c'était là que se jouait le futur de l'industrie, j'allais me plier aux règles, et apprendre tous les rouages de cette foire d'empoigne numérique. Je décidai de signer avec une maison de disques numérique, qui en était alors à ses balbutiements : Believe. C'était elle qui me diffuserait. Quant à la production musicale, à moi de prendre les choses en main.

Une fois ma décision arrêtée, je me suis très vite absorbée dans la préparation de ce nouvel album entièrement autoproduit. Un album cousu main, réalisé de bout en bout, sans doute celui dont je suis le plus fière. Je l'ai nommé *Resurrection*. Après tout, j'avais bien survécu à mes trente-trois ans, et avec cette nouvelle étape dans mon parcours je voulais montrer ce que j'avais à offrir : une authentique proposition musicale.

Désormais indépendante, je pouvais déterminer tous les choix artistiques. Refusant d'imiter les « chuchoteuses » à guitare acoustique qui marquaient la chanson française des années 2000, je restais fidèle au son qui faisait mon identité depuis le début : un style R'n'B, pop urbain, puisant son inspiration chez des artistes comme Puff Daddy ou Janet Jackson.

Pour choisir les chansons, je me suis souvenue des conseils que m'avait donnés Prince. J'ai considéré chaque titre en me demandant si j'avais envie de l'écouter dans ma voiture, dans ma douche, chez moi, en boucle, à longueur de temps. Résultat, j'étais confiante sur la sélection finale.

Pour cet album, j'ai de nouveau collaboré avec Wayne Beckford. Mal m'en a pris. Car, si Wayne n'avait rien perdu de son talent et excellait toujours dans la composition et l'arrangement des morceaux, il a en revanche prouvé qu'il n'était pas digne de confiance, comme je n'allais pas tarder à le découvrir. Heureusement, je pouvais compter sur d'autres collaborateurs de toujours, comme Klaus Roethlisberger, ami fidèle et photographe de grand talent (c'est lui qui a réalisé mes pochettes d'album, et la couverture de ce livre) qui m'accompagne depuis des années, celui qui a construit mon image au fil des magnifiques clichés qu'il a réalisés. Je tiens ici à saluer son soutien et sa loyauté qui n'ont jamais faibli, dans les périodes fastes comme dans les moins fastes.

Pendant deux ans de travail acharné, j'ai dû m'adapter à ce modèle de commercialisation totalement nouveau pour moi, tout en revenant à une gestion plus artisanale, du fait de l'autoproduction. Avec mon assistante, nous avons passé des journées entières à coller consciencieusement chaque pochette de service presse, comme des marmottes Milka.

C'était une très bonne expérience, car j'ai compris que je pouvais créer un album de mon propre chef. Bien sûr, le rythme était intense. Productrice, éditrice, interprète, coauteure des chansons, j'avais toutes les casquettes à la fois, une énorme responsabilité sur les épaules. Je n'avais de comptes à rendre à personne, mais je travaillais comme quatre. Le surmenage était une menace que je prenais désormais au sérieux. Au moment du mixage, je ne m'en sortais plus. J'ai fait appel à mon frère pour m'aider à boucler les dernières pistes, et nous avons terminé l'album chez lui, dans son studio, à peine deux jours avant le lancement sur iTunes.

Le 17 mars 2009 sortait le premier single, *Affection*, suivi quelques semaines plus tard de l'album. Une mauvaise surprise m'attendait. En croisant Puff Daddy au VIP Room peu après la sortie, je lui avais offert un exemplaire physique de l'album. Quelques jours plus tard, je reçus un coup de fil du père et manager d'une des Galaxy Girls, les chanteuses du groupe Dirty Money, fondé avec Puff. J'appris que Wayne m'avait vendu illégalement plusieurs chansons de Puff Daddy, que nous avions adaptées à mon style et à ma voix. Il m'a passé au téléphone sa fille, une businesswoman terrifiante du ghetto d'Atlanta, qui ne plaisantait pas avec la propriété intellectuelle. Mortifiée, je refusais de croire que mon acolyte de studio avait pu m'escroquer ainsi, en empochant la somme de la vente des chansons. Mais je dus me rendre à l'évidence. Wayne s'était montré de plus en plus distant à l'approche de la sortie de l'album, et ne s'est plus jamais manifesté quand j'ai cherché à le joindre. J'étais écœurée. Mon avocate avait bien tenté de me prévenir que les termes du contrat de cession étaient ambigus, je n'avais pas pris son alerte au sérieux. C'était une *honest mistake*, mais je n'en étais pas moins morte de honte. Une leçon apprise à la dure.

Le jour même, après m'être confondue en excuses, j'ai fait retirer les chansons en question. L'album se trouvait ainsi amputé d'une partie de ses singles, et mes fans n'ont pas compris la raison de cette disparition, mais au moins aucun artiste n'était volé en mon nom. Quelque temps plus tard, Britney Spears sortait sa reprise de *Talking Shit*, qui a été ensuite retirée des ventes à son tour. Je m'efforçais d'y voir une preuve supplémentaire de mon flair musical.

Malgré sept ans d'absence de la scène musicale, j'ai eu le plaisir de constater que l'intérêt du public était toujours bien présent. L'album s'est classé à la troisième place du classement digital dès sa sortie. J'ai bénéficié d'une large promotion, cette fois-ci en gérant moi-même toute la logistique. J'avais connu une époque où les émissions télévisées rémunéraient généreusement les artistes qu'elles invitaient. Les temps avaient changé. Désormais, le privilège de faire sa promo suffisait. Et, comme je n'étais pas épaulée par une maison de disques, je devais venir avec mes propres maquilleuses et coiffeuses, ce qui représentait un certain budget pour la moindre apparition. L'âge d'or de l'industrie musicale était derrière nous et pour ceux qui, comme moi, l'avaient connu, la transition était difficile. Cependant, cette promotion m'a donné l'occasion de chanter en anglais dans l'émission de Michel Drucker, une première pour une artiste française !

Si je fais le bilan, je n'ai pas été convaincue par l'expérience numérique. À cette époque, les ventes étaient encore difficiles à suivre, et les recettes s'avéraient dérisoires par rapport aux centaines de milliers d'écoutes recensées. Aujourd'hui, même si le modèle économique a dû évoluer, l'hégémonie numérique a tout de même fini par précariser les artistes, en faisant miroiter aux internautes la gratuité de la culture. C'est loin d'être un progrès.

L'année suivante, je sortais *Ne va pas croire*, un single au bénéfice de l'association AIDES, dont j'avais été nommée marraine en 2008. Cette chanson était l'unique rescapée d'un album qui n'a jamais vu le jour. Ma dernière tentative d'album avec un producteur, le beau-père d'un ami atteint du sida. Je cherchais un moyen de soutenir la lutte contre cette maladie, qui m'avait déjà enlevé des amis proches, comme Albert Delègue, mort à trente et un ans. Ce nouvel album était l'occasion de faire un geste significatif pour donner de la visibilité à cette cause, et dans ce but j'étais prête à faire des compromis sur le style musical ; du moins, je le croyais.

J'étais partie vivre à New York pendant quelques mois, après la sortie de *Resurrection*. Le producteur m'avait imposé des leçons avec un professeur de chant très pointu, ce qui m'a d'emblée agacée. J'ai toujours chanté à l'instinct et sans prendre de cours, en assumant la part d'imperfection que je pouvais avoir. Pour moi, la personnalité de la voix est plus importante que la technique, et je suis rarement émue par des performances trop léchées. Les chansons de l'album étaient belles, toutes en français, avec des arrangements très travaillés, à la Marvin Gaye, assez éloignés de mon style initial. Mettre en avant des associations comme AIDES ou les Restos du cœur était la seule raison qui pouvait me pousser à sortir de mon registre, car ma priorité était de donner toutes ses chances au projet. Pour celui-ci, je ne me reconnaissais pas dans l'identité musicale, mais ce n'est pas ce qui l'a fait avorter.

À partir du moment où nous avons signé le contrat, le producteur s'est montré de plus en plus odieux. Il ne me donnait pas voix au chapitre, alors que je venais d'autoproduire tout un album par mes propres moyens. Son modèle de commercialisation m'était totalement étranger, et je sentais clairement que le projet m'échappait, que je n'étais qu'un petit maillon manipulé par cet homme autoritaire, dont les méthodes ne me plaisaient pas. Au bout de plusieurs mois de frustration et d'angoisse, j'ai arrêté les frais.

Nous avons sorti un single pour AIDES, afin de respecter notre engagement envers l'association, mais l'album complet n'a jamais paru.

11

C'est célibataire et sans plan de carrière précis que j'entamai la quarantaine. Mes dernières relations m'avaient totalement déconnectée du milieu du travail, et une fois de plus je revenais dans l'arène avec l'impression que les règles avaient changé en mon absence. Je n'avais plus mes repères, j'étais sans projets, et le passage à la décennie tant redoutée par les actrices sonnait vaguement comme une menace. Aussi, quand on me proposa – pour la cinquième fois – de participer à *Danse avec les stars,* je me laissai tenter.

Depuis la première édition, TF1 essayait de me faire venir, mais à l'époque la seule idée d'exécuter un tango ou une zumba me faisait hurler de rire. Même si je regardais avec émerveillement la danse de salon à la télévision quand j'étais enfant, je savais que ce n'était pas pour moi. C'est une discipline qui demande énormément de travail et d'endurance, donc une passion sincère. Et puis, comme me l'ont subtilement fait remarquer mes amis gays : « Toi ? Tu es plus masculine que nous ! On dirait un camionneur sur le *dancefloor* ! »

Pourtant, Dieu sait si j'ai dansé dans ma vie, mais la danse de salon n'a rien à voir avec le hip-hop ou la *street dance* dont j'avais l'habitude. Je peux bouger sans problème sur de la musique que j'aime, mais je n'ai pas de bases réelles pour les danses plus codifiées. Apprendre des chorégraphies a toujours été un enfer pour moi à cause de ma dyspraxie, un trouble temporo-spatial, dont on ne connaît souvent que les manifestations linguistiques. Je ne parviens pas à répéter devant un miroir, en inversé. Pour mes clips, Fred, mon chorégraphe, avait trouvé une technique pour me guider de façon plus instinctive, mais il n'y avait qu'avec lui que je pouvais fonctionner.

Sous ces auspices peu prometteurs, je me suis pourtant motivée pour participer à l'émission. Chaque année, je passais un mois d'entraînement intensif dans un complexe thaïlandais dédié à la remise en forme. Sur place, je pratiquais cinq heures de sport par jour : kickboxing, Pilates, tai-chi, yoga… Naïvement, je pensais qu'après ça quelques entraînements chorégraphiques seraient à ma portée.

En plus du challenge physique que ça représentait, l'idée de jouer les étoiles à paillettes m'amusait. Je m'imaginais, moi, le garçon manqué, dans une robe patineuse aux couleurs criardes, avec faux cils et bas nylon, tout cet attirail de fille que je rejetais d'ordinaire en bloc. Le plaisir de me déguiser, de faire rire mes amis et de surprendre le public, m'attirait.

J'oubliais juste un détail. Je n'avais plus vingt ans. Après un mois d'entraînement sportif, mon corps était vidé et avait besoin de repos, surtout pas d'être mis au supplice pendant des semaines. J'avais gagné en muscles, mais pas en énergie. Or il en fallait beaucoup, ainsi qu'un mental d'acier, pour affronter l'épreuve qui m'attendait.

Dès le jour de la conférence de presse, j'ai senti que rien n'allait se passer comme prévu. J'ai reçu un appel de mon frère, qui m'annonçait la mort de mon oncle. Celui qui m'avait abusée enfant, pendant les vacances d'été. Quand j'ai appris la nouvelle, des sentiments contradictoires ont explosé en moi : soulagement, tristesse, colère, sensation de liberté retrouvée, peut-être une forme de justice. Cet ouragan d'émotions m'a laissée exsangue et, alors qu'on nous attribuait nos partenaires, toute motivation m'avait déjà quittée. Pendant des jours, cette mort a remué en moi les pires souvenirs de mon enfance. Ils me revenaient sous forme de cauchemars, ne me laissant aucune possibilité de repos. Je voulais arrêter l'émission, mais la production s'y est opposée, et ne m'a témoigné aucun soutien.

De retour de l'enterrement de mon oncle, le visage marqué, j'ai commencé les répétitions qui démarraient dès l'été. J'avais manqué le premier jour, attirant d'emblée l'attention sur moi, ce que je déteste. Christophe, mon partenaire de danse, était compréhensif, en plus d'être sympathique. Il était Poissons, comme moi, et tous les matins on s'encourageait mutuellement : « J'arrive dans le bocal ! » Il aurait été plus juste de parler de four, car la chaleur qui régnait dans les studios cet été-là était insoutenable. La climatisation était proscrite, afin de ne pas gêner la prise de son, et nous avons dû nous accommoder d'une canicule intra-muros en vidant des litres d'eau pour nous hydrater. Seul Rayane Bensetti, du haut de ses vingt et un ans, était toujours en pleine forme.

La cadence infernale qui allait marquer les prochaines semaines était lancée. Lever tous les jours à 5 heures du matin, après une nuit courte et angoissée, consacrée à me repasser mentalement les enchaînements en boucle. À partir du moment où j'arrivais au studio, les caméras ne me lâchaient plus. Se faire filmer au réveil, passe encore quand on est plus jeune, mais à quarante ans c'est un suicide esthétique.

Comme les autres participants, je n'avais pas une minute pour regarder les rushes. Je m'en remettais à la bienveillance de la production, mais j'ai rapidement déchanté. Car, sur place, tout est fait pour fabriquer des péripéties qui n'ont rien de spontané. Nous sommes sans cesse dirigés, sans empathie ni indulgence, à croire que les producteurs ne connaissent rien aux artistes. Pourtant, il faut beaucoup de courage pour s'exposer au public dans une phase d'apprentissage, sans maîtriser la discipline. Cela implique d'accepter de ne pas être bon, de lâcher prise et de recevoir publiquement des critiques. Nous étions censés être tous néophytes, même si au final il y avait dans le casting d'anciens patineurs artistiques et une actrice formée à la danse classique. Nous n'étions donc pas sur un pied d'égalité, ce qui m'aurait sans doute découragée de me lancer si je l'avais su plus tôt.

Avec Christophe, nous avons travaillé comme des fous, en tâchant d'accorder nos phases de concentration et notre perfectionnisme, ce qui n'était pas simple. Physiquement, je partais avec quelques handicaps. Ma dyspraxie était exacerbée par la fatigue et le stress, et j'ai dû déployer des efforts titanesques pour la compenser. La production n'a rien trouvé de mieux que d'en faire une histoire de coulisses, filmée et dramatisée au montage, puis partagée avec le public entre deux pubs La Vache qui rit. Pour rendre le problème plus télégénique, on m'a fait porter une chaussure rouge et l'autre jaune sous prétexte de m'aider à dissocier mes pieds ; ce qui me donnait l'air d'une attardée.

Pour couronner le tout, j'avais un problème de ligaments aux pieds, ce qui les rendait aussi souples que du chamallow. Je l'avais signalé dès le départ en précisant que cela m'empêchait de porter des talons, mais la production me proposa simplement d'adapter mes tenues de scène. Résultat, je me suis foulé les chevilles des dizaines de fois pendant les répétitions. Christophe m'avait rebaptisée Bambi. Je passais pour le cancre, alors que je jouais le jeu, je donnais tout ce que j'avais.

Quand le premier *prime* arriva, je n'étais pas stressée par le direct en tant que tel, car j'avais l'habitude d'assurer, quand j'étais animatrice. Sauf que cette fois la donne était différente : j'étais là pour accomplir une prestation que je maîtrisais mal, un cha-cha sur Michael Jackson, et on allait me juger dessus. Pour la tenue, pas de robe patineuse pour moi, un pantalon pour moins attirer l'attention sur mes chaussures plates et les bandages de soutien aux genoux et aux chevilles, qui me donnaient l'impression d'être une momie déguisée. J'étais plutôt contente de notre performance scénique, mais que de souffrances et d'ego malmené pour aboutir à ces deux minutes de danse ! Je ne me sentais pas à ma place, et je savais que les apparences ne tenaient qu'à un fil.

Dès les répétitions de la deuxième danse, ce fil s'est rompu. Christophe et moi nous entraînions pour réaliser une figure acrobatique, le lâcher-prise – l'histoire de ma vie –, au cours de laquelle je devais tomber en arrière et me laisser rattraper à cinq centimètres du sol. Lors d'un essai, mon partenaire n'a pas été assez rapide et ma tête a claqué sur le sol, avant de rebondir comme un ballon de rugby. Deux côtes cassées, les cervicales en sale état. Tout ça pour un fox-trot sur Jean-Louis Aubert. Malgré la douleur intense que j'ai ressentie, je me suis relevée et j'ai fait bonne figure. Je ne voulais pas attirer de nouveau l'attention sur moi, alors j'ai continué les répétitions en taisant ma souffrance.

Le soir, je suis allée voir le médecin, qui a préconisé une IRM pour mesurer l'ampleur des dégâts. Pour lui, je ne devais plus bouger, il fallait que j'arrête immédiatement l'émission. Le choc. Certes, je ne passais pas des bons moments, mais je ne m'étais pas entraînée pendant des semaines pour tout arrêter au deuxième *prime*. J'avais investi trop d'efforts, et ma fierté rejetait l'idée d'abandonner. Je n'avais aucune illusion sur mon niveau, je savais que je n'irais pas en finale, mais tenir deux ou trois *primes* me semblait le minimum. Je n'ai pas transmis à la production le conseil du médecin, et j'ai continué.

Bien entendu, le deuxième show a été un calvaire. À ce stade de ma vie, j'étais déjà bien familiarisée avec la douleur physique, je pouvais encaisser beaucoup. Mais réaliser une performance de danse exigeante avec des côtes cassées, le sourire aux lèvres, c'était une expérience extrême. Je pensais vraiment que la production allait m'éliminer après ça, mais on m'a gardée, différant de plusieurs jours ma libération.

La semaine qui a suivi fut la plus éprouvante. Je m'acharnais à faire la guerrière, tâchais de tenir jusqu'au bout, mais je souffrais le martyre, et les Doliprane que je prenais étaient loin d'être suffisants. Mon corps a fini par lâcher, et cette fois le médecin a alerté la production. Au troisième *prime*, j'étais éliminée.

Quand j'ai vu plus tard les images de mes prestations, avec la choucroute à la *Grease* du premier show, je me suis dit qu'il était effectivement temps d'arrêter les frais. Je ressens toujours un décalage entre celle que je suis et l'image que je renvoie ; mais, ce jour-là, l'écart était abyssal. J'avais passé l'âge de ce genre de shows, et surtout je ne supportais pas de me voir imposer les directives racoleuses d'une production qui traitait si mal les gens. Pourquoi avais-je mis mon corps au supplice pour une expérience qui ne m'apportait finalement rien d'essentiel ? Je me le demande encore.

Les quelques mois qu'a duré l'émission m'ont plongée dans une profonde introspection. La lassitude du milieu m'avait gagnée, je ne trouvais plus ma place de ce côté de l'écran. Me voir dans *DALS* m'avait convaincue que je ne devais pas chercher à reproduire ce que je faisais dans ma vingtaine. Je n'étais plus à l'aise avec l'idée de passer à la télévision et d'être filmée sous toutes les coutures. Je devais trouver une façon de me réinventer, mais tourner le dos à ce que j'avais connu m'angoissait. Je n'arrivais plus à envisager de projets de grande ampleur, j'avais provisoirement perdu la foi dans la musique.

C'est à partir de cette époque que j'ai traversé un véritable passage à vide. Je me suis progressivement isolée, j'ai profité de mes moments de solitude pour faire le bilan de quatre décennies.

Je percevais désormais à quel point mon succès précoce et fulgurant, concentré sur une douzaine d'années, avait déréglé le cours de ma vie. Cette phase intense m'avait beaucoup apporté, mais j'y avais laissé ma santé, et j'étais passée à côté de l'insouciance de la jeunesse. Ma névralgie d'Arnold s'était chargée de me le rappeler. Consacrer les deux années qui ont suivi cette crise à ma guérison m'a fait intégrer pour toujours la nécessité de prendre soin de son corps et de son mental. Après cette interruption, le retour en arrière n'était plus possible. J'ai dû récupérer des années de repos pour retrouver la sensation de vivre enfin pour moi, de profiter de chaque jour.

Reprendre le travail était devenu difficile, et prolonger éternellement mes vacances n'était pas envisageable. Seulement, j'étais incapable de faire les mêmes compromis qu'avant, de me soumettre au stress et à la pression, qui sont les premiers facteurs de la dépression. Et, pour avoir vu beaucoup de gens sombrer, je comptais bien ne pas suivre cette pente savonneuse.

Je ne vais pas revenir sur le détail de ces années grises, au cours desquelles j'ai dû affronter de nouveaux problèmes de santé. Je n'écris pas pour faire pleurer dans les chaumières, mais pour partager avec vous ma conviction qu'on peut se relever de tout et reprendre le chemin de la vie, même quand on se croit périmé. Si elles n'ont pas été les plus joyeuses, ces dernières années m'ont permis de faire des découvertes qui m'ont mise sur la voie de la résilience.

Ce mot, je l'ai entendu pour la première fois de la bouche de mon amie France Lory, l'épouse de l'un des rockers français qui a le plus compté sur la scène musicale. Je l'avais rencontrée aux Maldives, sur la plage, à l'époque où mes relations avec ma mère avaient volé en éclats. J'ai tout de suite apprécié cette femme sublime, libre d'esprit et chaleureuse, qui avait vécu les années folles du rock'n roll français grâce à son compagnon, avec qui elle était en voie de séparation. Elle-même était portée sur le hip-hop, et lorsqu'elle m'invitait à faire des bœufs chez elle, entourées de musiciens, nos univers musicaux se mélangeaient. France est rapidement devenue une amie proche sur laquelle je pouvais toujours compter, une confidente, presque une mère de substitution ; elle avait d'ailleurs une fille de mon âge. Elle s'est occupée de moi comme personne dans les moments où j'allais mal, mais aussi dans les moments joyeux : elle insistait pour fêter mes anniversaires, ce que j'avais cessé de faire depuis la brouille avec ma mère. Elle m'encourageait en me répétant : « Tu es une belle personne, avec une belle âme, ce n'est pas normal ce qu'il t'arrive », et m'abreuvait de citations de personnalités ayant les mêmes initiales que moi, comme Oscar Wilde ou Oprah Winfrey. Souvent, elle me rappelait ce proverbe arabe : « Ne baisse pas les bras, tu risquerais de le faire deux secondes avant le miracle. »

Peintre talentueuse, France baignait dans un environnement artistique et m'emmenait souvent découvrir des galeries d'art, me poussant à sortir quand j'étais tentée de me renfermer sur moi. Son énergie et sa bienveillance m'ont beaucoup aidée. Elle ne cessait de me parler de résilience, mais aussi de « lâcher-prise », et je l'écoutais sans bien comprendre ce terme, alors nouveau pour moi. Je l'entends encore me dire : « Ophélaï, le lâcher-prise ! Le jour où tu vas lâcher la barre, tu vas voir, ta vie va être simple ! C'est ça le bonheur ! » Elle prétendait que dans la vie la délivrance arrive au moment où on dit *vaffanculo !* Qu'on soit riche ou pauvre, c'est à nous de décider d'être heureux, car on reste le maître unique de son existence. On doit s'accepter, vivre en assumant qui l'on est, tâcher d'être heureux avec ce que la nature nous a donné, sans prêter attention aux jugements des autres. Aujourd'hui, j'ai une plus grande expérience de la vie et je suis capable de me faire confiance, car je me connais. Mais à l'époque, j'avais encore beaucoup à apprendre sur moi.

Mes séances d'analyse m'ont aidée à mieux comprendre qui j'étais en m'apportant une révélation inattendue. Une révélation qui remettait en question tout ce que je croyais savoir sur moi.

Un jour, ma psychanalyste m'a proposé de passer un test de QI, ce que j'ai aussitôt refusé ; j'avais bien trop peur d'un échec cuisant. J'avais beau trouver que l'idée de mesurer l'intelligence était en soi inintelligente, je savais que le résultat m'affecterait quand même ; personne ne veut s'entendre dire qu'il est plus bête que la moyenne.

Mais ma psy insistait. Elle était spécialisée dans les profils à haut potentiel (aussi appelés surdoués), et elle pensait reconnaître en moi certaines caractéristiques. J'étais touchée par ce qu'elle projetait en moi, mais je craignais fort qu'en cherchant un zèbre elle tombe sur un âne.

J'ai fini par accepter de passer le test, qui s'étalait sur dix séances. Logique, mémoire, langage, visualisation dans l'espace, le champ était très vaste. Je me suis appliquée au mieux, et le diagnostic m'a bluffée : surdouée. J'étais totalement incrédule. Je ne voyais pas comment ce don était censé se manifester dans ma vie. Quand on parle de surdoués, on s'imagine souvent des savants échevelés, triplement diplômés de Harvard, ou on pense au personnage de Dustin Hoffman dans *Rain Man*. Quel rapport avec moi ?

Pour répondre à mes questions, ma psy m'a donné un livre sur les Hauts Potentiels, *Trop intelligent pour être heureux*, de Jeanne Siaud-Facchin, avec cette consigne : « Lisez-le, et stabilotez tous les passages qui vous parlent, tout ce qui fait écho à votre expérience. » À la fin de ma lecture, le livre était repeint en rose fluo. Ce livre parlait de moi. Page après page, il décrivait les ressentis, les décalages et les frustrations qui m'ont accompagnée tout au long de ma vie. L'impression d'avoir trois cerveaux qui tournent en permanence, même la nuit. De parler cinq fois plus vite que les autres. La réflexion en arborescence, fondée sur l'association d'idées, qui me rend parfois difficile à suivre. Mon hypersensibilité, doublée d'une empathie maladive. Mon manque abyssal de confiance en moi, et ma tendance à me dévaluer par rapport aux autres. Mais aussi ma dysmorphophobie, ce trouble qui me faisait voir mon corps comme disgracieux, voire difforme : pendant longtemps, la vision que j'avais de mon physique était altérée. Aujourd'hui, je me rends compte que rien ne clochait chez moi, mais cette fixation, qui touche de nombreux Hauts Potentiels, était incontrôlable. De nombreux éléments de ma personnalité prenaient sens grâce à cette lecture. Une véritable épiphanie.

Je me suis aperçue que je n'étais pas la seule à avoir ce fonctionnement d'alien, que d'autres confrères à Haut Potentiel peuplaient cette terre. Dès que je croyais voir chez un ami torturé les traits caractéristiques, je lui passais le livre, histoire de lui faire gagner dix ans de psychanalyse. C'était la révélation pour une poignée d'entre eux ; les autres étaient juste dépressifs.

Bien sûr, ma psy ne s'en est pas tenue à une étiquette. Elle m'a proposé des pratiques adaptées, comme le yoga ou la méditation, pour m'aider à mieux gérer mon énergie, mon stress, cet esprit inquiet et toujours en veille qui me menait la vie dure. Ça m'a aidée à passer des nuits plus paisibles, et à montrer plus de tolérance envers moi-même.

Toute ma vie, je me suis considérée comme une arnaque vivante. Le syndrome de l'imposteur constitue en quelque sorte la base de mon ressenti, que ce soit en musique, au cinéma ou à la télévision. C'est pourquoi je me suis toujours empressée de profiter de l'instant, de faire la fête quand je le pouvais, d'enchaîner les rencontres, de sauter sur les opportunités. À tout moment, on pouvait me démasquer et me renvoyer à mon insignifiance. Désormais, je savais que ce n'était pas le cas, et que la capacité de douter faisait partie de mes ressources.

Pour autant, le haut potentiel n'est pas un passeport pour le bonheur, ça se saurait. À la fin, c'est toujours la vie qui nous fait la leçon, qu'on soit VIP du cerveau ou non. Et, pour qu'un cerveau fonctionne à plein régime, encore faut-il que le corps tienne la route.

Depuis mes névralgies, la médecine chinoise prenait soin de mon corps. Dès que j'étais frappée par la maladie, j'avais le réflexe acupuncture. Puis j'ai découvert la médecine tibétaine, grâce à laquelle j'ai aujourd'hui « un intérieur de jeune fille », selon les mots de mon médecin.

C'est aux Maldives que j'ai consulté pour la première fois une guérisseuse tibétaine – ou *healer* – qu'on m'avait chaudement recommandée. À la première consultation, j'ai été prise de court. Prières, chants, *singing bowls*, rien ne manquait à l'atmosphère mystique. Elle m'a assuré qu'elle allait « reprogrammer mon corps », sans se douter que l'analogie informatique avait tendance à me coller des boutons. J'ai joué le jeu, songeant que personne n'est à l'abri d'un miracle. Et de fait le miracle s'est produit. En une séance, elle a mis fin à des mois de mal-être et de balbutiements médicaux. Elle m'a expliqué qu'elle avait refait circuler l'énergie de mon corps dans le bon sens, ce qui allait lui faire prendre des habitudes plus saines et redonnerait de la vigueur à mon système immunitaire.

Cette guérisseuse me suit aujourd'hui encore. Après quelques années de pratique, je me suis familiarisée avec le vocabulaire énergétique, même s'il passe pour farfelu auprès des Occidentaux. J'ai compris que l'énergie, le *chi*, était ce qui régulait le corps, et qu'en agissant dessus on pouvait agir sur l'état de santé global et tenir les maux à distance. Je me suis donc efforcée de vivre plus sainement, de ne pas exposer mon organisme au danger et de le respecter chaque jour.

Aujourd'hui, je trace ma route aussi rigoureusement que possible. Si la route devient périlleuse, alors c'est Dieu qui envoie les éboulis.

12

Il y a des moments où, sans crier gare, la vie vous attrape dans sa gueule de doberman, vous secoue comme un shaker et refuse de lâcher prise. Il faut un mental d'acier pour tenir sous les secousses sans perdre la foi en l'avenir. Je sais de quoi je parle. J'ai traversé ces spirales de tourmentes, déclenchées par la maladie, le harcèlement médiatique ou les conflits relationnels. Je vous en ai raconté certaines dans ce livre ; il y en a eu d'autres, mais je vous en fais grâce, ce n'est pas un concours de cicatrices.

Dans le but de clore un sujet qui m'est pénible, j'évoquerai brièvement la plus récente, celle qui m'a tenue dans l'ombre toute une année et qui a fait imprimer beaucoup d'inepties sur ma personne. En 2019, j'ai été victime d'un cambriolage très violent. À la suite de cette agression, je n'ai pas eu le courage de retourner vivre dans mon appartement. J'ai eu peur, et je me suis réfugiée à l'hôtel le temps d'assurer mes soins.

Une fois de plus, la presse à scandale a jeté ses vautours à mes trousses alors que j'essayais de me reconstruire, inondant la Toile d'hypothèses calomnieuses et de photos déloyales. En trois mois, plus de cent cinquante articles ont paru à mon sujet, ainsi que des dizaines de photos révélant mon état de faiblesse. Une quinzaine de journaux m'ont mise en couverture, sans rien savoir de ce qui se passait réellement dans ma vie. Des rumeurs humiliantes circulaient sur moi et, comme je n'avais plus beaucoup d'attaches en ville, elles avaient le champ libre pour se répandre.

Mon calvaire a duré des semaines. Des semaines sous calmants, pour résister aux épreuves que je subissais quotidiennement. Chaque jour, je voyais tomber de nouveaux articles, et j'étais impuissante. Chaque jour, les photos atroces, prises dans la maladie, que je croyais avoir réussi à faire interdire, surgissaient dans un nouveau média ; tout était à recommencer. Certains amis m'appelaient pour prendre de mes nouvelles, mais la plupart n'osaient pas, et je me retrouvais plus isolée que jamais. Dès que je sortais de mon hôtel, je me sentais traquée, épiée, et de fait je l'étais parfois, ce qui confirmait ma sensation de vivre dans le danger. Ce cauchemar aurait suffi à rendre fou n'importe qui, et aujourd'hui encore je ne comprends pas ce qui justifie un tel acharnement, un tel manque d'humanité.

À Paris, dès que je mets un orteil hors de chez moi, je suis traquée comme le Bigfoot. Même si je suis dans une ambulance, même si j'attends mes résultats à l'hôpital. Je n'ai pas droit à la dignité la plus fondamentale. Nul doute que les paparazzi publieraient une photo de moi sur le trône si je laissais la porte des toilettes ouverte, car ils n'ont aucune limite. À une époque où on légifère sur la protection des données personnelles et le harcèlement cybernétique, je regrette qu'on ne protège pas davantage contre ce type de harcèlement, qui peut dégénérer en véritable surveillance et détruire des vies.

Au cours de ma carrière, j'ai subi plus d'épisodes de harcèlement médiatique que n'importe quel artiste de ma génération. Si la presse people a parfois été bienveillante à mon égard, elle n'a pas hésité à me traîner plus bas que terre dès le moment où ma « descente aux enfers » semblait plus vendeuse que mon succès.

À l'époque où je lisais encore tout ce qui paraissait sur moi, j'ai compris une chose : inventer des histoires ne fait pas peur aux tabloïds. Dans les années 1990 et 2000, la vérification des faits ne semblait pas faire partie de leur déontologie, seul comptait le caractère sensationnel de l'article.

Je me souviens du choc que j'ai ressenti il y a quelques années, lorsque je me suis vue morte en couverture d'un magazine. Je m'étais rendue quelques jours plus tôt à l'aéroport de Roissy. Je partais au Maroc faire un raid dans le désert avec l'un de mes plus proches amis, Dida Diafat, multichampion du monde de kickboxing. Outre ce sport qui m'est cher, lui et moi partagions une passion pour les courses de voitures, et nous avons souvent fait équipe ensemble dans des rallyes. Dida était déjà sur place, et j'avais réservé un vol pour le rejoindre. J'étais partie de chez moi à la dernière seconde, et pour rattraper mon retard j'avais traversé l'aéroport en courant jusqu'à la porte d'embarquement. J'avais le ventre vide et, alors que je descendais l'escalier en direction du tarmac, j'ai senti le malaise me gagner. Ma vue s'est brouillée, et avant que je puisse réagir j'ai fait une crise d'hypoglycémie. Rien de dramatique, en somme.

À mon réveil, en bas de l'escalier, des pompiers étaient penchés sur moi et vérifiaient mes fonctions vitales. Sur les marches, plus haut, j'apercevais les voyageurs qui me regardaient avec insistance, et certains brandissaient leur portable vers moi pour ne rien manquer du spectacle. Exaspérée de ne pas pouvoir compter sur un minimum d'intimité dans un moment de faiblesse, j'ai demandé à un pompier de me cacher sous une couverture de survie.

Je me doutais bien que ce malaise allait tôt ou tard se retrouver dans la presse, comme tout ce que je faisais, mais je n'avais pas imaginé une seconde qu'on publierait une photo de moi sous la couverture de survie, suggérant que j'étais morte. Le décalage avec la simple crise d'hypoglycémie dont j'avais souffert était abyssal. Le magazine a dû bien circuler, car j'ai reçu des appels de proches qui s'étaient imaginé le pire en apercevant le cliché. Un grand moment de journalisme.

À l'automne dernier, c'est avant tout pour échapper à cet enfer que je suis partie me réfugier à la montagne, loin de la capitale. C'était la meilleure décision que je pouvais prendre. Ce qui devait être une retraite de deux semaines s'est transformé en séjour de plusieurs mois.

Avant de redonner une direction claire à ma vie, j'avais besoin d'un temps pour me reconstruire. Et je ne parle pas de décompresser au bord d'une piscine avec un polar, mais de me régénérer en profondeur, sur le plan physique comme mental. Car, si mon corps était très abîmé par l'agression, mon esprit était dans un état plus critique encore. L'angoisse des dernières semaines, la souffrance de découvrir les publications de la presse et le traumatisme du cambriolage qui défilaient jour et nuit dans ma tête, tout cela a abouti à un diagnostic médical qui m'était familier : burn out.

C'est en miettes que je suis arrivée dans un hôtel montagnard que je connaissais bien, dont l'isolement et la discrétion me garantissaient enfin un peu de répit. J'ai d'abord suivi une cure pour assainir mon organisme, car c'est un prérequis indispensable pour apaiser son mental. Des spécialistes m'ont aidée à purifier tout ce qui était dangereusement impacté par le stress : tension, sommeil, système digestif, alimentation… J'ai dû revoir tous mes automatismes, réapprendre à respirer, déglutir, manger selon mes besoins, revenir aux fondamentaux, en étant accompagnée tout du long. Un vrai contrôle technique. À la fin, on m'a tendu les clés d'un véhicule prêt à l'emploi, avec une mécanique remise à neuf. Je pouvais repartir sur la route.

Pour autant, je n'avais aucune envie de retourner vivre à Paris, ni même en ville. L'air pur de la montagne me réussissait, et pour la première fois depuis des mois je retrouvais ma liberté et reprenais goût aux choses simples. D'étape en étape, j'ai exploré des sites alpins magnifiques avant de m'établir dans un village au pied d'une montagne pour quelques mois. En adoptant un mode de vie calme et sain, accordé au rythme du soleil et respectueux de mon corps, j'ai récupéré au fil des jours la vitalité que j'avais perdue.

Chaque matin, je me réveillais quarante-cinq minutes avant le lever du jour pour pouvoir profiter de toutes les bonnes énergies de l'aube, puis je faisais le plein de nature en allant faire une randonnée à pied ou avec des raquettes. Le soir, je me couchais une heure après le soleil, apaisée, vaincue par une bonne fatigue. Depuis que je suis ce rythme, mon corps a retrouvé toutes ses ressources.

Pour empêcher mon esprit de projeter en boucle le film d'horreur des derniers mois, j'ai dû cette fois reprogrammer mon cerveau. Depuis quelques années, les neurosciences ont inspiré plusieurs techniques comme la PNL (programmation neurolinguistique), visant à briser les schémas néfastes de l'esprit : souvenirs encombrants, habitudes qui vous mènent systématiquement dans l'impasse, croyances négatives, etc. Par le rituel, la parole et l'imagination, vous parvenez à briser les cercles vicieux et à vous remettre dans une bonne dynamique. Pour ma part, j'ai choisi un programme très accessible de vingt et un jours.

Matin et soir, en reproduisant des gestes simples et réguliers, je visualisais le nettoyage de mon disque dur interne. Je sortais les dossiers « agression », « hôpital », « harcèlement » ou « maman », et les remplaçais par « joie », « bien-être », « amis », etc. C'est comme un dressage : au bout de quelques jours, le cerveau a intégré la manipulation et fait le travail tout seul. Je ne prétends pas que c'est un remède magique, mais c'est un outil qui aide à se discipliner mentalement, et à faire le tri. Et, bien sûr, la volonté doit suivre.

Ce voyage m'a profondément changée, avant tout parce que je l'ai entrepris seule. Dans ma vie, ça a rarement été le cas. J'ai toujours eu un mec, des amis ou des relations plus ou moins saines qui papillonnaient autour de moi. De plus, j'étais souvent dans l'action, que ce soit dans le travail ou les voyages, ce qui me laissait peu d'occasions pour me poser et prendre du recul. Mais durant cette retraite j'ai appris à voir la solitude comme une chance. Une chance de mieux vivre, de s'écouter, et même de mieux cerner les autres, en aiguisant son intuition.

Quand on vit seul, notre capacité à analyser les gens est décuplée. Dès la première rencontre, je suis maintenant capable de voir si une personne est positive ou négative, si elle aura une bonne ou une mauvaise influence. Celles qui ne sont pas équilibrées énergétiquement, qui ont une mauvaise hygiène de vie, ou qui mentent par habitude sont bien sûr à fuir. À la montagne, dans des refuges, j'ai rencontré des gens authentiques, chaleureux, qui se fichaient des obsessions du monde moderne et préféraient me raconter leurs souvenirs de la guerre. Dans le petit village où je vivais, chacun se connaissait. Le wi-fi était rare, ce qui m'a permis de me déconnecter durablement, une chance inespérée aujourd'hui.

Sur ma montagne, je me suis réinitialisée. J'ai pris conscience que vivre en ville me tuait à petit feu. Le piège de la vie citadine, c'est qu'on finit toujours par s'entourer de gens, de souvenirs, de choses qui nous dérèglent, nous font manquer l'essentiel.

Quand j'ai dû rentrer à Paris après avoir vécu des mois comme Heidi, je me suis sentie aussitôt agressée par les bruits, la saleté, l'hystérie des gens. J'étais désorientée. À peine avais-je posé mes valises que j'ai eu envie de repartir, toujours plus loin. Dans l'angoisse collective de l'épidémie, on commençait à parler de confinement. De frontières fermées. J'ai paniqué. Je me voyais déjà coincée pendant des mois dans cet environnement délétère, sans aucune échappatoire. Il fallait que je m'envole avant d'être condamnée à Netflix et aux apéros-Skype.

Depuis longtemps, j'ai coutume de penser qu'il faut traverser la mer pour fuir les mauvaises énergies. J'ai repéré une île où il y avait un taux très faible de contamination, un endroit où je pourrais prolonger mes vacances, et je suis partie. Une fois de plus, j'ai quitté le climat anxiogène de la capitale, et ça m'a réussi.

En quelques semaines, je suis devenue une véritable *islander*. Je me suis rangée à l'avis des locaux, qui jugent toxique le style de vie des métropolitains. Je me nourris sainement, me soigne aux plantes, me réveille avec le chant des vagues. Je retrouve le calme bienfaiteur et l'isolement qui m'avaient tant réussi dans les Alpes. Et de fait je ne tombe plus malade. En ville, on attrape la crève tous les deux jours, on rogne sur le bien-être parce que tout coûte cher, on perd de vue les priorités.

Je me suis attachée à quelques personnes – toutes celles que j'ai rencontrées ici sont adorables –, qui m'ont offert un accueil chaleureux, tout en respectant mon désir d'intimité. Malgré cela, j'ai du mal à laisser les gens entrer dans ma vie. La méfiance est incrustée dans mon système de survie, si bien que dès que je suis trop entourée je finis par étouffer. Au bout du compte, c'est dans la solitude que je me ressource.

Pour autant, je ne me fais pas d'illusions. J'ai conscience que ce voyage ne durera qu'un temps et que je n'en ai pas fini pour toujours avec les épreuves, les conflits humains, les ennuis de santé, Paris ou les paparazzi.

Mais aujourd'hui j'ai identifié ce qui me fait renaître. La voie de la régénérescence, l'environnement qui me permet de repousser plus forte quand on me coupe les ailes. Je m'estime chanceuse d'avoir cette ressource précieuse qui fera ma force pour l'avenir.

Pour conclure mes mémoires de warrior, je voudrais répondre à une question qu'on me pose systématiquement depuis vingt-cinq ans, à savoir si je crois en Dieu. Je m'en amuse à chaque fois, car ma réponse invariable déclenche ce que j'ai tendance à appeler des petits moments de grâce. Évidemment, je crois en Dieu. Il est toute ma vie. Qu'importe son nom, son temple, sa couleur, sa nationalité, qu'importent les lunettes à travers lesquelles on le contemple. Il n'y en a qu'un. Dieu est partout, en chacun de nous, jusque dans l'air que nous respirons. Il est le dénominateur commun qui nous unit tous.

Ma réponse suscite parfois des regards dubitatifs ou des sourires amusés. Pourtant, ma foi est sincère. Chaque matin et chaque soir, je remercie Dieu de me donner la chance de vivre. Au moment de me coucher, j'ai pris l'habitude de mêler à mes prières une sorte de Car Wash, ou d'autoconfessionnal, au cours duquel je me déleste de mes péchés, regrets et frustrations du jour. Puis je fais le point sur ce que la journée écoulée m'a apporté, et je prépare la suivante. Dieu est ainsi devenu mon confident, mon ami, un père de substitution, idéal, bienveillant et puissant. Dès ma plus tendre enfance, j'ai perçu sa présence, même si elle est passée au second plan pendant quelques années. Cette présence m'a toujours évité de me sentir trop seule.

J'ai fini par comprendre l'intérêt du « lâcher-prise » que me martelait mon amie France : rien ne sert de se ronger les sangs, d'analyser une situation sous tous les angles et de s'interroger outre mesure. Mieux vaut accepter la vie telle qu'elle est, garder un esprit libre et alerte pour gérer au mieux les difficultés et tirer le meilleur parti du pire. C'est un mantra que je vous invite à méditer. Tout sentiment négatif, toute énergie néfaste, tout esprit frustré, nourri par la haine, est toxique à l'organisme. Mieux vaut s'en remettre à la justice divine, en laquelle je crois sincèrement.

Un jour, à l'issue d'une séance, ma guérisseuse tibétaine m'a prévenue que quand je rentrerais à Paris je devrais affronter un tsunami d'emmerdes et qu'il fallait que j'en sois consciente. Je lui ai répondu que je l'étais. Selon elle, il y avait deux manières de l'aborder. Soit tu traverses la vague, ça dure quatre secondes, puis tu en ressors en vie. Soit tu cours sur le sable comme une imbécile transie de peur, et tu peux être certaine d'avoir une mort violente. J'ai appliqué son conseil, malgré l'angoisse que cela me procurait : en revenant à Paris, j'ai réglé en quatre jours une montagne de problèmes qui traînaient depuis des années. Cela m'a fait comprendre que ma guérisseuse avait raison. Par la suite, j'ai systématiquement pris ce parti face aux tsunamis qui bouleversent mon existence. Je les traverse tranquillement, souple du genou, je lâche prise. Je m'en remets à Dieu, et le remercie chaque soir de ne jamais m'abandonner ; même quand, parfois, je l'aurais bien mérité. Je prends comme mantra le terme latin *excelsior* (en français : plus haut, plus élevé), qui m'incite à transformer en énergie positive toute expérience vécue, la plus belle comme la plus difficile. C'est ce qui m'a inspiré l'idée de ce livre. Pourquoi ne pas décider d'écrire soi-même son histoire ? Pourquoi ne pas lui donner soi-même un angle constructif, une suite heureuse et paisible ? Et pourquoi ne pas partager cette positive attitude avec le plus grand nombre ? J'ai tant de fois été touchée par les témoignages de fans qui me disaient avoir été sauvés par *Dieu m'a donné la foi*, car cette chanson leur donnait de la force pendant les coups durs, que j'ai eu envie de reproduire ce même transfert de *good vibes* avec ce livre. J'espère très fort qu'à son tour il vous inspirera.

Plus jeune, je n'aurais pas supporté le dixième des épreuves de ces dernières années. Je n'aurais pas pu voir mon corps, autrefois érigé en sex-symbol, brisé et convalescent pendant des mois. Mais la jeune femme innocente, généreuse et profondément gentille que j'étais a su s'endurcir, développer des défenses colossales dans un corps frêle pour traverser des épreuves homériques, dignes d'un héros de la mythologie grecque.

Les années ont passé depuis mes premiers succès, mais je me sens intrinsèquement la même. C'est la même « force qui guide mes pas », malgré les accidents de parcours, les intempéries, l'aquaplaning et les sorties de route. Ma carrosserie a pris il est vrai bon nombre d'éraflures et de coups, parfois malveillants, mais le moteur tourne toujours.

La résilience est devenue ma religion, mon mantra de sécurité, de survie, ma philosophie de vie. J'ai la conviction que Dieu m'a infligé toutes ces épreuves pour tester ma détermination, ma résistance, mon acharnement à ne jamais baisser les bras, pour me rappeler qu'il faut honorer la vie quoi qu'elle nous réserve. Nous devons faire face au destin, qu'il soit riche, lourd ou même écrasant. C'est un challenge permanent qui devient finalement une aventure exaltante, si on cultive la résilience. Elle est le passe-muraille qui m'a permis de traverser tous les obstacles, l'élixir qui a apaisé tous mes maux et rempli mon esprit de douceur et de paix, pour arriver jusqu'à ce jour en un seul morceau, plus forte et souriante que jamais. Il y a deux sortes de douleur : celle qui vous consume et celle qui vous fait avancer. Cette dernière m'a permis de vivre la plus extraordinaire histoire d'amour avec mon public, qui a été mon carburant tout au long de ma vie d'adulte.

Je n'ai jamais eu d'enfant. La première raison à ce choix, c'est mon histoire familiale chaotique : j'ai jugé préférable d'arrêter les frais et de ne pas perpétuer ma lignée, tout comme mon frère. Mes relations avec ma mère ne m'ont pas encouragée à explorer la maternité. À une époque, j'ai fait congeler mes ovocytes un peu partout dans le monde, pour me laisser le choix aussi longtemps que possible ; il y a désormais assez de mini-moi potentiels pour former toute une équipe de foot.

La deuxième raison, c'est qu'à partir du moment où j'ai connu la célébrité (très tôt dans ma vie) j'ai trouvé chez mes fans une véritable famille de cœur. Vous m'avez témoigné tant d'amour, de soutien et de loyauté, et ce jusqu'à aujourd'hui, que ces liens ont fini par remplacer ceux qui m'avaient manqué auprès de ma famille biologique. Je vous considère comme mes enfants. Je vous ai transmis de la force à travers mes chansons, et en retour, c'est vous qui m'avez portée à bout de bras pendant les périodes difficiles. Je tiens à vous exprimer ma profonde gratitude. Merci à vous pour cet amour inconditionnel ! Vous êtes devenus ma raison de vivre, et je vous en serai à jamais reconnaissante.

Je souhaite remercier en particulier Chris, mon fan de la première heure, devenu mon ami et mon bras droit. Nous nous sommes rencontrés lors d'un gala, alors que je chantais pour la Patrouille de France. Il était venu avec son compagnon, et nous avons sympathisé. À partir de ce jour, il a travaillé en collaboration avec mon ancien webmaster, puis avec d'autres gens de mon équipe. Sans que j'en aie conscience – puisqu'on ne le laissait pas me parler – il exécutait dans l'ombre un grand nombre de tâches que d'autres lui déléguaient. Ce n'est que bien plus tard que j'ai su ce que je lui devais. Chris rêvait de travailler dans la photographie, et lorsque je l'ai appris, je l'ai mis en relation avec Klaus, mon photographe, dont il est devenu l'assistant. J'ai pu alors constater l'ampleur de ses talents, notamment pour le cadrage ou la retouche photo.

Nous avons pu réellement faire connaissance, et lorsque sa collaboration avec Klaus a pris fin, je lui ai proposé de travailler avec moi. Depuis lors, il m'apporte une aide incroyablement précieuse. Lui et moi sommes automatiquement en phase, au point qu'il lui arrive de finir mes phrases, car nos cerveaux fonctionnent au même rythme. Voilà dix ans qu'il veille sur moi avec son grand cœur et me soutient quoi qu'il se passe dans ma vie. Son mari, Chris, et lui – je les appelle « les Chris » – m'ont accueillie chez eux quand je vivais un enfer, c'est grâce à leur générosité que j'ai pu garder la tête hors de l'eau dans les années les plus sombres. Pour toutes ces raisons, j'ai énormément de respect pour Chris et je le considère comme mon frère – ou plutôt *ma* frère, tout comme je suis *son* sœur, vu que nous ne sommes ni lui ni moi des stéréotypes de nos genres respectifs. Chris, ce livre t'est dédié.

Love

Composé et édité par HarperCollins France.

Achevé d'imprimer en mai 2021

CPI
FIRMIN-DIDOT

à Mesnil-sur-l'Estrée (Eure)

Dépôt légal : juin 2021.

Pour limiter l'empreinte environnementale de ses livres, HarperCollins France s'engage à n'utiliser que du papier fabriqué à partir de bois provenant de forêts gérées durablement et de manière responsable.

Imprimé en France